Inhalt

So waren die Aufgaben im Kapitel für mich

Aufgaben im Kapitel	leicht 🟢	mittel 🟡	schwer 🔴
In der Schule			
Im Herbst			
Miteinander leben			
Im Winter			
Das tut mir gut			
Im Frühling			
Tiere bei uns zu Hause			
Wir lernen Räume kennen			
Zeit vergeht			
Im Sommer			

Eigenes Arbeitsverhalten reflektieren und einschätzen. Innerhalb der Kapitel nach jeder Aufgabe den Bewertungskreis in der entsprechenden Farbe ausmalen (unabhängig von Richtigkeit, Sorgfalt o.ä.). Am Kapitelende die Anzahl der Bewertungen derselben Farbe zusammenzählen und auf dieser Seite in die Übersicht eintragen.

In der Schule

✏️ 1 Male das Bild aus. ◯

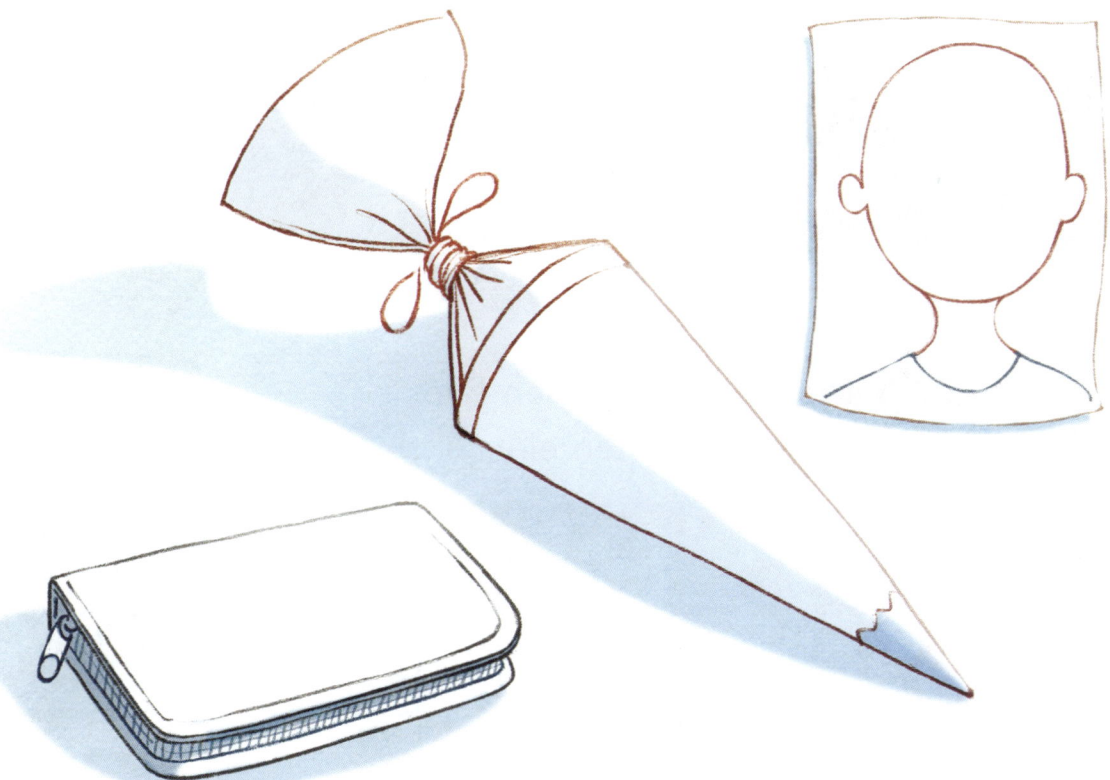

Das Foto betrachten und eine Parallele zur eigenen Situation am Tag der Einschulung ziehen. Über Erwartungen und Vorstellungen am Schulanfang sprechen. 1 Schultüte und Federtasche ausmalen. Sich selbst im Bilderrahmen zeichnen oder ein Foto einkleben. Über den Inhalt einer Federtasche und die Funktionen der Schulutensilien sprechen.

S. 2

3

Im Klassenzimmer

💬 **1** Betrachte das Bild. Was entdeckst du alles? ◯

✏️ **2** Finde die Ausschnitte im großen Bild.
Trage die passenden Zahlen ein: 1 , 2 , 3 . ◯

1 Das Bild anschauen und Details wahrnehmen. Den Raum beschreiben. Über die Tätigkeiten der Kinder sprechen: etwas gründlich betrachten, abzeichnen, einen Umriss zeichnen, sich mithilfe von Büchern und Tablet informieren, ein Plakat aufhängen. Gemeinsames und individuelles Lernen erkennen. **2** Bildausschnitte im Bild darüber wiederfinden. Die entsprechenden Zahlen eintragen.

S. 6

💬 **3** Die Kinder haben Klassendienst. Was tun sie?

✏️ **4** Was möchtest du gern tun? Kreuze an.

💬 **5** Warum sind Klassendienste wichtig?

3 Die Tätigkeiten der Kinder beschreiben. Klassendienste benennen. **4** Ankreuzen, welchen Dienst man selbst gern übernehmen würde. **5** Über den Zweck von Klassendiensten sprechen und die Vorteile erkennen: eine angenehme Lernumgebung und geregelte Abläufe schaffen, Eigenverantwortung fördern. Zusätzlich: Eine Klassendienstordnung im Klassenraum anbringen.

Klassenregeln

💬 **1** Was passiert auf den Bildern?

✏️ **2** Ist das Verhalten der Kinder ☺ oder ☹? Zeichne ein.

1 Die Situationen beschreiben. **2** Die Verhaltensweisen mit Smileys bewerten. Rücksichtsvolles Verhalten und Fehlverhalten erkennen und Verhaltensregeln ableiten: nicht raufen, den Raum sauber halten, Trost spenden, sich melden, keine Unordnung auf dem Schreibtisch entstehen lassen, einander zuhören, einander helfen, pünktlich sein, nicht abschreiben.

✏️ **3** Male die Bilder aus.

💬 **4** Welche Regeln zeigen die Bilder?

KLASSENREGELN

✂️ **5** Klebe die Bildteile richtig auf.
✏️ Was machen die Kinder auf dem Schulhof?
💬

✂️ ✏️

Seite 85

3 Die Bilder ausmalen. **4** Die Bilder betrachten und Klassenregeln erkennen: pünktlich sein, einander zuhören, leise sein, sich melden. Ggf. weitere Regeln aufstellen. **5** Die einzelnen Teile auf S. 85 ausschneiden und das Puzzle vervollständigen. Über das Verhalten der Kinder auf dem Schulhof sprechen und von eigenen Erfahrungen erzählen.

S. 2, 4, 5, 6

7

Pass gut auf!

💬 **1** Betrachte das Bild. Was entdeckst du alles? ○

✏️ **2** Finde die Ausschnitte im großen Bild.
Kreise sie dort ein. ○

1 Das Bild betrachten. Gefahren im Straßenverkehr erkennen und regelwidriges Verhalten thematisieren. Über die Eigenverantwortung jedes Verkehrsteilnehmers sprechen. **2** Die Bildausschnitte im Bild darüber wiederfinden und einkreisen. Optische und akustische Signale einer Ampel besprechen. Verkehrszeichen deuten.

 S. 6

✏️ **3** Finde die Namen der Kinder im großen Bild auf Seite 8. ⃝
Schreibe sie unter die drei Bilder.

💬 **4** Warum ist es gefährlich, was die Kinder machen? ⃝

L_____

A_____

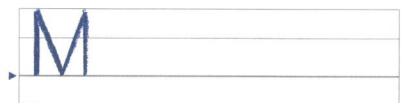

M_____

💬 **5** Was tut Luise, bevor sie die Straße überquert? ⃝
✏️ Spure die Worte nach.

links

rechts

links

Eine Straße überqueren

Schau nach links, nach rechts, nach links.
Alles frei? Dann gelingt's.

1 ←   2 →   3 ←

3 Die Namen der Kinder im Bild auf Seite 8 finden und passend zum jeweiligen Bildausschnitt aufschreiben. **4** Das Verhalten der Kinder beschreiben und erkennen, warum es gefährlich ist. Überlegen, wo Lola, Alma und Mio sicher spielen könnten (verkehrsberuhigter Bereich, Spielplatz). **5** Aus der Bildfolge das sichere Überqueren einer Straße ohne Ampel oder Zebrastreifen ableiten. Den Spruch im Merkkasten auswendig lernen.

9

Sichere Spielorte

1 Male das Bild aus, auf dem Kinder sicher spielen.
Streiche die gefährlichen Spielorte durch. ○

2 Was bedeutet das Verkehrsschild? Kreuze an. ○

Auf dieser Straße dürfen nur Autofahrer sein.

Auf dieser Straße dürfen nur Fußgänger sein.

Auf dieser Straße dürfen Fußgänger und
Autofahrer sein.

3 An welchem Ort fühlst du dich sicher? Male. ○

1 Erkennen, welche Gegenden sich nicht als Spielorte eignen. **2** Das Verkehrszeichen deuten. Über das richtige Verhalten im verkehrsberuhigten Bereich sprechen: Fußgänger dürfen sich auf der Straße aufhalten, müssen aber auf Fahrzeuge achtgeben. Autofahrer müssen langsam fahren. **3** Besprechen, was „sich sicher fühlen" bedeutet und ein Bild dazu malen. | Selbsteinschätzung S. 2

S. 2, 14

Im Herbst

✏️ 1 Sammle Laubblätter. Male ein Blatt ab.

◯

Das Foto betrachten und Naturphänomene im Herbst wahrnehmen. Laubfärbung und Blätterfall beschreiben. Erzählen, was man mit der Jahreszeit verbindet. **1** Blätter und Baumfrüchte wie Eicheln und Kastanien sammeln, ordnen und benennen. Formen und Farben der Blätter erfassen. Ein Laubblatt aus der Natur möglichst form- und farbgetreu abmalen.

S. 3

11

Bäume

💬 **1** Wie heißen die Teile eines Laubbaums? ◯

✏️ **2** Welcher Baum ist hier zu sehen? Spure nach. ◯

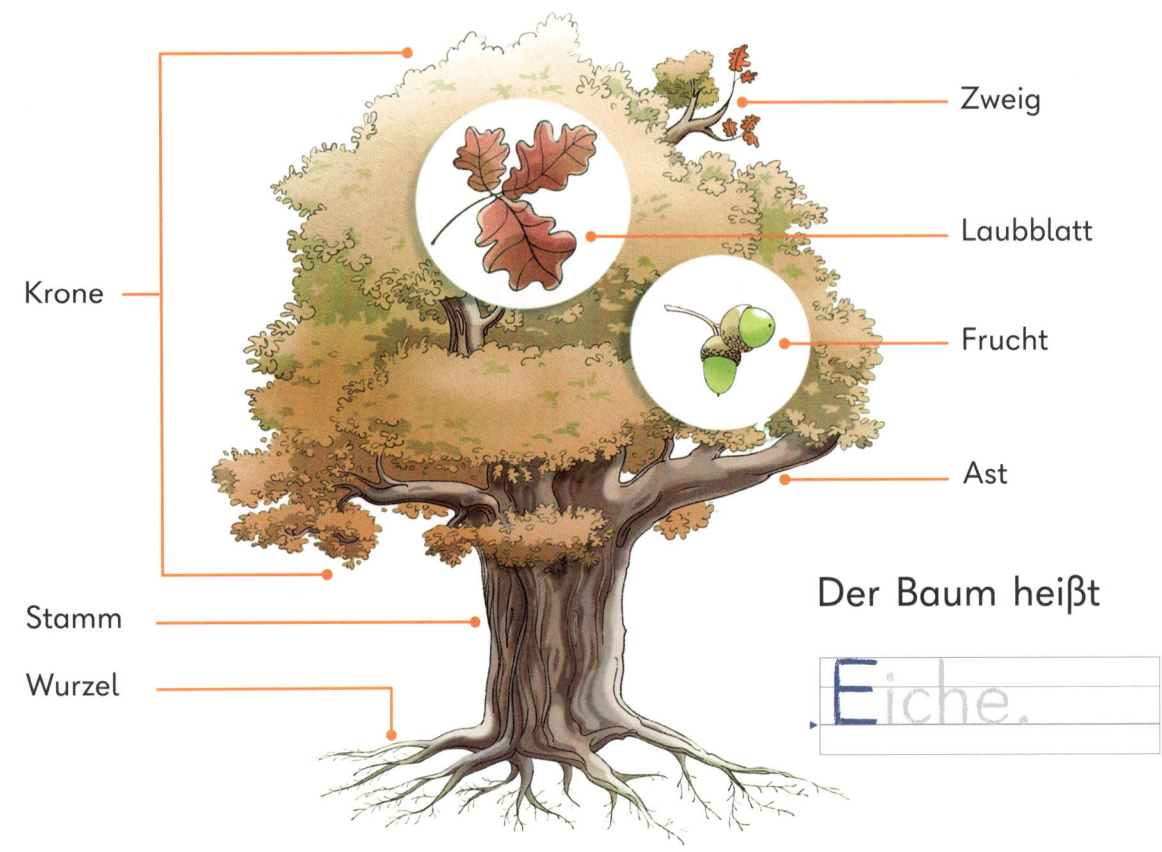

Krone

Stamm

Wurzel

Zweig

Laubblatt

Frucht

Ast

Der Baum heißt

Eiche.

✏️ **3** Eicheln sind die Früchte der Eiche. Male aus. ◯

Ist das ein Eichenblatt?

1 Den Aufbau eines Laubbaumes am Beispiel der Stieleiche nachvollziehen. Die Teile des Baumes benennen. **2** Anhand von Blättern und Früchten den Baum bestimmen und seinen Namen nachspuren. Blätter und Eicheln in der Natur oder im Klassenzimmer anschauen, betasten und beschreiben. **3** Die nicht kolorierte Eichel ausmalen und das charakteristische Aussehen der Baumfrucht erfassen.

S. 2

💬 **4** Beschreibe Hülle und Samen der Kastanie.

Hülle
○ rund
● grün
✳ stachelig

Samen
○ rund
● braun
◑ hell

✏️ **5** Welche Baumfrucht gehört zu welchem Blatt? Verbinde.

Frucht • 🧮 • Blatt

4 Eine Kastanienfrucht in Hülle und Samen unterteilen und beschreiben. Die vorgegebenen Adjektive können helfen.
5 Blätter und Baumfrüchte detailliert betrachten. Blätter mit Früchten verbinden: Buchenblatt – Fruchthülle mit Samen (Bucheckern), Eichenblatt – Becher mit Samen (Eicheln), Kastanienblatt – Fruchthülle mit Samen (Kastanien), Kiefernadeln – Zapfen mit Samen.

S. 6, 14

Im Park

💬 **1** Betrachte das Bild. Was entdeckst du alles?

✏️ **2** Kreise diese Tiere im großen Bild ein.

✏️ **3** Male die Tiere wie im großen Bild aus.

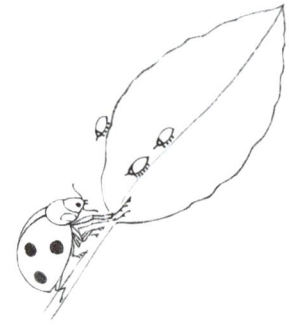

1 Sich über das Bild austauschen: Welcher Ort wird gezeigt? Was machen die Kinder? Wie viele Tiere sind zu entdecken? Welche Stimmung erzeugt das Bild? **2** Die Tiere im Bild finden und einkreisen. Den Aufenthaltsort der Tiere benennen und Vermutungen anstellen, warum sie sich dort aufhalten (Unterschlupf, Nahrung ...). **3** Vogel (Blaumeise), Fuchs und Marienkäfer benennen und ausmalen.

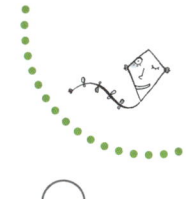

✏️ **4** Das frisst der Igel. Welche Tiere kennst du? Kreise ein. ○

✂️ **5** Was macht der Igel im Herbst und im Winter? ○
Klebe die Fotos in die passenden Kästen.

✂️ 📏
Seite 85

✂️ 📏
Seite 85

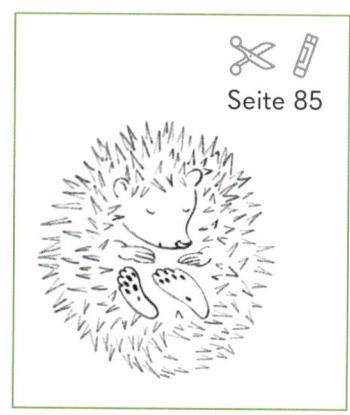

✂️ 📏
Seite 85

Der Igel frisst
sich Fett an.

Der Igel krabbelt in
einen Laubhaufen.

Der Igel schläft von
Winter bis Frühjahr.

4 Kennzeichnen, welche Kleintiere man bereits von Bildern oder aus der Natur kennt. Im Uhrzeigersinn: Frosch, Mücke, Käfer,
Heuschrecke, Spinne, Raupe, Tausendfüßler, Regenwurm, Schnecke, Ohrwurm. **5** Erfahren, wie sich der Igel auf den Winter vorbereitet.
Besprechen, was dem Igel im Garten hilft (z. B. Laubhaufen) und was gefährlich für ihn ist (z. B. Milchfütterung, Mähroboter).

S. 4, 5

15

Luft und Wind

 1 Atme ein und aus.

Kreuze an: Das ist mir gelungen. ○

2 Was kann Luft? Ergänze ein Bild. ○

Luft kann ...

bremsen   tragen   antreiben

kalt werden   warm werden

Wir können Luft nicht sehen,
aber als Wind spüren.
Wind ist bewegte Luft.

1 Versuche mit Atemluft gemeinsam in der Klasse ausprobieren. **2** Die Bilder betrachten und die Auswirkungen von Luft erfassen. Den Aspekt „Luft kann warm werden" zeichnerisch umsetzen. Angelehnt an das Bild „Luft kann kalt werden" könnte z. B. ein Kind in Badekleidung gemalt werden. Über den Wind als Luftbewegung sprechen.

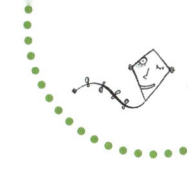

 **3** Was macht der Wind? Erzähle. ◯

Wind verbreitet ... Wind bläht ... auf. Wind treibt ... an.

 4 Wind ist unterschiedlich stark. ◯
Klebe die Bilder nach der Windstärke sortiert auf.

Windstille

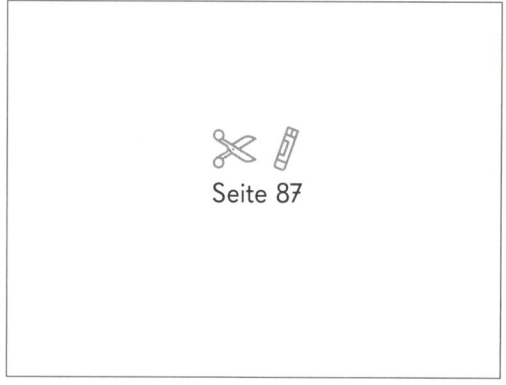

schwacher Wind

starker Wind

Sturm

3 Die Bilder beschreiben und die positiven Auswirkungen von Wind wahrnehmen. **4** Die Bilder auf S. 87 ausschneiden. Veränderungen registrieren (z. B. wehender Schal, Laubfall, andere Rauchrichtung) und die Bilder sortieren. Nach Steigerung der Windstärke aufkleben. Erkennen, dass Wind auch Schaden anrichten kann.

S. 4, 5

17

Früchte im Herbst

1 Bringt Früchte mit in den Unterricht.
Wie schmecken sie euch?
Zeichne ein: ☺ oder ☹.

2 Zeichne eine Frucht in das linke Kästchen. Male sie farbig aus. ○

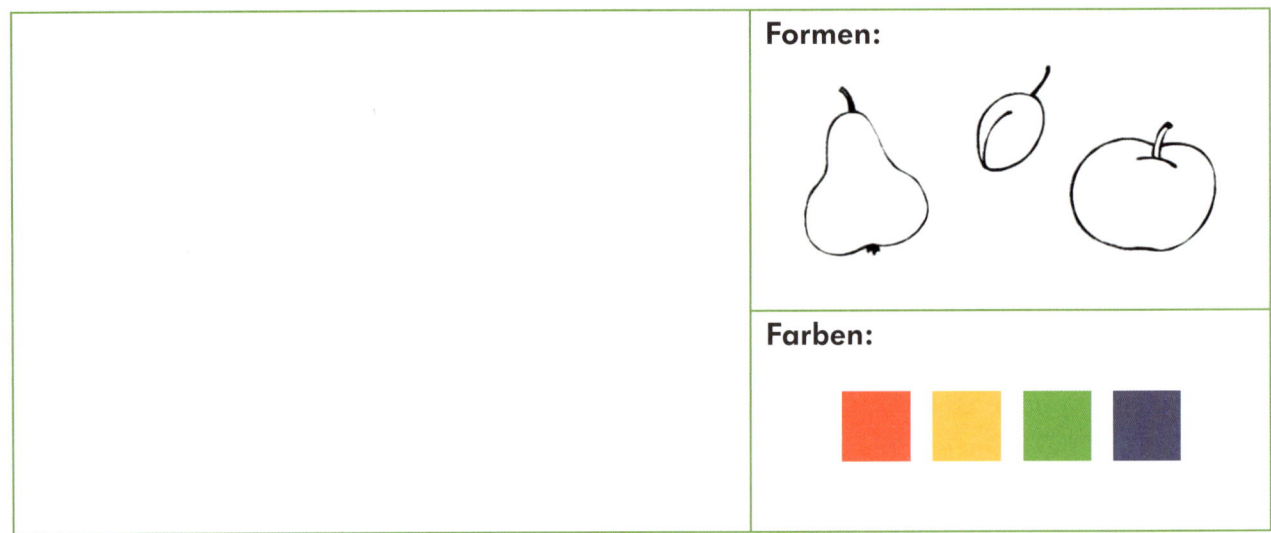

Formen:

Farben:

3 Stein oder Kerne? Male die Samen in die Früchte. ○

1 Unterschiedliche Obstsorten probieren und den Geschmack mit Smileys bewerten. **2** Eine Frucht zeichnen und ausmalen.
3 Mit Hilfe eines Erwachsenen einen Apfel und eine Pflaume zerteilen. Die Samen von Apfel und Pflaume in die Abbildungen
der halbierten Früchte einzeichnen. Der Apfel hat Kerne, die Pflaume einen Stein. | Selbsteinschätzung S. 2

S. 7, 16

Miteinander leben

✏ **1** **Wer möchte was machen? Kreuze an.** ⭘

Mona	Emil	Lisa

✏ **2** **Was können alle zusammen tun? Male.**

Das Foto betrachten und beschreiben. Die Namen der Kinder lesen und anhand der Abbildungen erkennen, was sie in ihrer Freizeit gern unternehmen möchten. **1** Die gewünschte Freizeitaktivität aus dem großen Bild ankreuzen. **2** Ideen finden und malen, was man in der Gruppe tun könnte.

19

Sich streiten – sich vertragen

💬 **1** Betrachte das Bild. Was entdeckst du alles?

✏️ **2** Verhalten sich die Kinder ☺ oder ☹? Zeichne ein.

1 Das Bild betrachten und die Gesamtsituation auf dem Fußballfeld erfassen. Die Namen der Kinder auf den T-Shirts sowie die Texte in den Sprechblasen lesen (bzw. vorlesen lassen). Einzelne Situationen näher beschreiben und darüber sprechen.
2 Das Verhalten einzelner Kinder als positiv oder negativ bewerten.

 S. 6

3 Tim gibt den Ball zurück. Was sagt Tim? Was sagt Lea?

4 Was ist da los?

1

2

3

4

5 Was könnten Ann und Lea sagen?
Spielt das Gespräch nach.

3 Unfaires Verhalten reflektieren und Schritte zur Versöhnung erkennen: Tim, der sich in das Spiel eingemischt hatte, geht auf Lea zu und gibt ihr den Ball wieder. **4** Den Konflikt zwischen Ann und Lea beschreiben: Wie kommt es zum Streit? Wie verhalten sich die beiden? **5** Die Geschichte weitererzählen und Lösungen für den Konflikt suchen. Ein Rollenspiel durchführen.

Berufe

💬 ☐1☐ Welche Berufe haben die Leute? ○

1	2	3
4	5	6
7	8	9

💬 ☐2☐ Welcher Beruf gefällt dir? ○

Wolltest du schon immer Detektiv werden?

1 Die Tätigkeiten auf den Bildern beschreiben und die Berufsbezeichnungen anwenden. Ggf. weitere Berufe nennen. Die Bedeutung der individuellen Tätigkeiten für die Gemeinschaft herausarbeiten. **2** Eigene Vorlieben nennen und darlegen, welche Aspekte einem an der jeweiligen Tätigkeit ansprechen (Kontakt zu anderen Menschen, etwas aufbauen, Umgang mit Technik ...).

 S. 14

✏️ **3** Wer benutzt welche Arbeitsgeräte? Verbinde. ⭕

Computer   Tusche und Feder

Kelle   Mörtel

Teigmaschine   Brotschieber

✏️ **4** So geht es in einer Bäckerei zu. Ordne zu: 1 2 ... ⭕

| 1 Teig kneten | 2 Brot formen | 3 Brot backen | 4 Brot verkaufen |

3 Die Arbeitsgeräte den jeweiligen Berufen zuordnen. Überlegen, wofür sie sich benutzen lassen. **4** Einblicke in einen Arbeitsablauf gewinnen. Bilder und Texte vom Arbeitsablauf „Vom Teig zum Brot" miteinander in Verbindung bringen. Die Arbeitsschritte in der richtigen Reihenfolge benennen: Teig kneten, Brot formen, Brot backen, Brot verkaufen. Über die Ausstattung einer Backstube sprechen.

23

Unser Fest

1 Betrachtet das Bild. Was entdeckst du alles?

2 Welche Spiele werden auf dem Fest gespielt?

3 Erkläre die Regeln von einem Spiel.

4 Sammelt Ideen für ein eigenes Fest.

1 Das Bild betrachten und die unterschiedlichen Aktivitäten beschreiben. **2** Spiele auf dem Bild benennen (Dreibeinlauf, Eierlaufen, Luftballontanz). **3** Überlegen, wie die Regeln für die gezeigten Spiele lauten könnten, oder die Regeln eines bekannten Spiels wiedergeben. **4** Ideen zu einem eigenen Fest (Klassenfest, Faschingsfest …) im Computer oder auf einem Plakat sammeln. | Selbsteinschätzung S. 2

24

S. 6

Im Winter

💬 1 Wovor müssen sich die Kinder in Acht nehmen? ⭕

Das Foto beschreiben: Stille, Schnee, Eis, tiefer Sonnenstand, kahle Bäume … Überlegen: Welche Stimmung vermittelt das Bild?
Von der kalten Jahreszeit erzählen. Eigene Erfahrungen schildern: Was mag ich am Winter? Was gefällt mir nicht so gut? 1 Gefahren
benennen: Glätte (Rutschgefahr), Dunkelheit (Sichtbehinderung), Nebel (Sichtbehinderung). Vorsichtsmaßnahmen besprechen.

25

Winterspiele – Winterwetter

1 Betrachte das Bild. Was entdeckst du alles?

2 Wo siehst du eine Gefahr? Kreuze an.

1 Die Aktivitäten der Kinder auf dem Bild beschreiben. Erzählen, was man selbst gern im Winter macht. **2** Den Spaß der Kinder wahrnehmen, aber auch Gefahrensituationen erkennen. Besprechen, wie man sich und andere nicht gefährdet (nur auf zugelassenen Eisflächen Schlittschuh laufen, sich an stark frequentierten Orten in Acht nehmen).

 S. 6

3 Welches Wetter zeigen die Wetterzeichen an?

4 Male unter jedes Bild das passende Wetterzeichen.

5 Wie hoch ist die Temperatur? Trage ein.

 °C (Grad Celsius)

 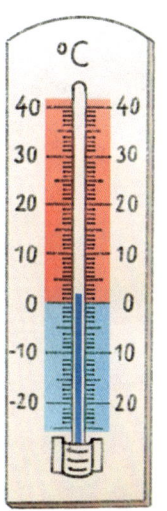

3 Wetterzeichen beschreiben und deuten: Schnee, Regen, bewölkt, heiter, Gewitter, Nebel. Über die Verwendung von Wetterzeichen sprechen (Wetterkarte in der Wettervorhersage). **4** Das Wetter auf den Fotos einschätzen und das jeweils passende Wetterzeichen einzeichnen.
5 Ein analoges und ein digitales Thermometer betrachten. Die jeweils angezeigte Gradzahl ablesen und eintragen.

Vögel im Winter

✏️ **1** Wie heißen die Vögel?
Spure nach. ○

Sperling

Blaumeise

Kohlmeise

Amsel

✏️ **2** Blaumeise oder Kohlmeise? Schau genau und male aus. ○

Kohlmeise

Blaumeise

28

1 Gemeinsamkeiten und Unterschiede der abgebildeten Vogelarten herausarbeiten. Die Namen der Vögel nachspuren. Über Winterfütterung und das angemessene Futter sprechen (kein Brot). Lernen, dass Vögel je nach Art spezifische Nahrungsbedürfnisse haben. **2** Blau- und Kohlmeise anhand der Zeichnung des Kopfgefieders unterscheiden. Die Meise dementsprechend ausmalen.

S. 2, 6, 8

💬 **3** Wo fressen die Vögel?

ist am

ist am

ist im

ist unter dem

✏️ **4** Was frisst die Amsel? Kreise die Unterschiede im Bild 2 ein.
Spure die Worte nach.

① Im Vogelhaus   ② In der Natur

Das frisst die Amsel in der Natur:

▶ Regenwurm, Käfer, Beeren,

▶ Apfel, Samen

3 Beschreiben oder lesen, wo sich die Vögel aufhalten (Meisenring, Meisenknödel, Vogel- oder Futterhaus). Dabei die Namen der Vögel anwenden. **4** Das Aussehen des Amselmännchens beschreiben. Auf den schmalen, pinzettenartigen Schnabel hinweisen. Unterschiede zwischen dem Futter im Vogelhaus und der Nahrung in der Natur einkreisen. Die Wörter nachspuren.

S. 8

29

Winterkleidung

1 Male die Socke und den Stiefel aus. ○

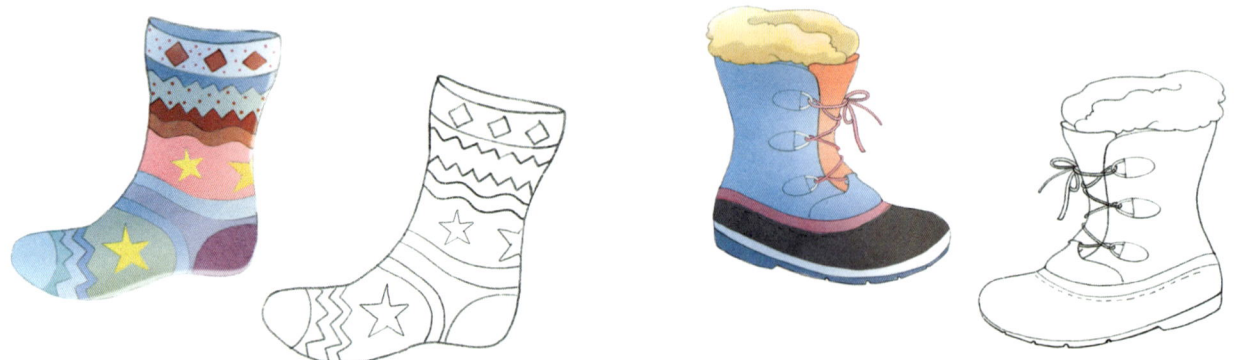

2 Es hat geschneit. Was würdest du anziehen? Kreuze an. ○

3 Welche Kleidung ist im Dunkeln gut zu sehen?
Probiert es aus. ○

1 Typische Winterkleidung ausmalen. **2** Einschätzen, welche Kleidung der winterlichen Temperatur entspricht. Über das Material der Kleidungsstücke sprechen. Weitere Kleidungsstücke nennen, die zum Sommer oder Winter passen. **3** Ausprobieren, wie helle bzw. dunkle Kleidung bei Dunkelheit im Straßenverkehr wirkt. Die Funktion von Reflektoren herausfinden. | Selbsteinschätzung S. 2

S. 2

Das tut mir gut

Mit leerem Bauch ...

... fällt das Lernen schwer!

✏ 1 Was isst du gern in der Pause? Male. ○

Das Foto betrachten. Die Lebensmittel und Getränke benennen. Sich über das Frühstück zu Hause und über das Essen in der Schulpause austauschen. Erzählen, inwieweit sich das Frühstück vom Mittagessen oder Abendessen unterscheidet. **1** Den täglichen Pausensnack in die Brotdose malen. Ggf. ein Schulfrühstück planen und besprechen, welche Lebensmittel sich dafür eignen.

Essen und trinken

1 Betrachte das Bild. Was entdeckst du alles?

2 Finde die Nahrungsmittel im großen Bild. Kreise sie dort ein.

1 Das Bild beschreiben: Was unternehmen die beiden Erwachsenen und die Kinder zusammen? Die entspannte Atmosphäre beim Essen im Freien wahrnehmen. Erzählen, welche Speisen und Getränke bei einem Picknick dabei sein sollten. **2** Die Nahrungsmittel im großen Bild wiedererkennen und einkreisen. Oberbegriffe für Nahrungsmittel kennenlernen: Obst, Gemüse, Milchprodukte, Getreideprodukte, Fleisch.

S. 6

✏️ **3** Was isst du gern? Kreuze an. ◯

✏️ **4** Was ist gesund? Male aus. ◯

✏️ **5** Notiere einen Tag lang, was du trinkst und wie oft.
Zeichne jedes Mal einen Strich unter das Getränk. ◯

Wasser	Saft	Milch
Kakao	Tee	Sonstiges

Wasser ✕✕✕
Limo ✕✕✕
Tee ||
Saft

3 Nahrungsmittel nach Vorlieben auswählen und ankreuzen. **4** Überlegen, welche Nahrungsmittel gesundheitsfördernd sind. Über eine ausgewogene Ernährung sprechen (viel Gemüse, Obst, weniger fette und süße Lebensmittel). **5** Mithilfe der Eltern einen Tag lang notieren, wie oft welches Getränk getrunken wird. Für jedes Getränk wird ein Strich in die entsprechende Tabellenspalte eingetragen.

S.2

33

Den Körper pflegen

✏ **1** So pflegst du dich. Was brauchst du wozu? Verbinde. ○

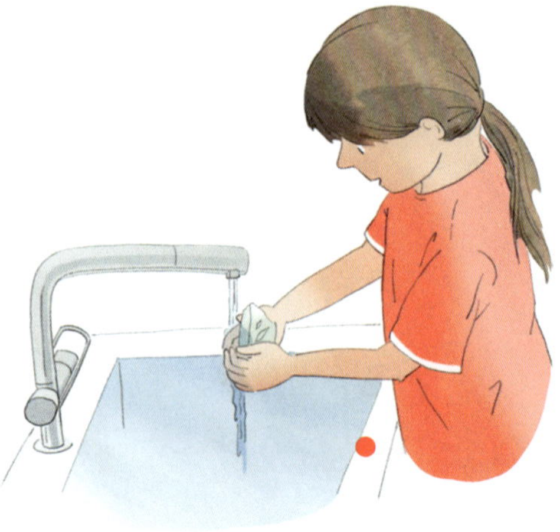

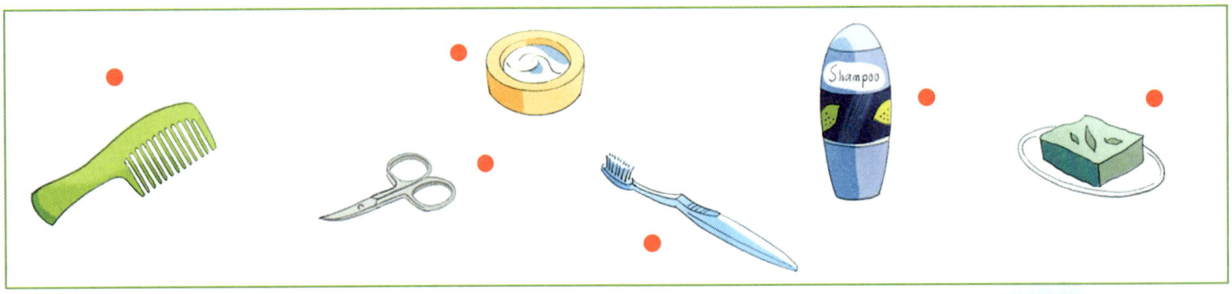

✏ **2** Spure zwei Sätze nach. ○

Darum pflege ich meinen Körper:

Ich will gesund bleiben.

Ich will mich wohlfühlen.

1 Zusammengehörige Bilder verbinden: Gesicht eincremen – Gesichtscreme, Haare kämmen – Kamm, Hände waschen – Seife, Zähne putzen – Zahncreme, Nägel schneiden – Nagelschere, duschen und Haare waschen – Shampoo. **2** Sätze lesen oder vorlesen lassen, die Begründungen nachspuren. Den Zusammenhang zwischen Körperpflege und Gesundheit bzw. Wohlbefinden herstellen.

3 Wann wäschst du deine Hände? Spure nach und ergänze. ○

Da bin ich wieder!

nach

vor

4 So hältst du dich fit. Ergänze ein Bild. ○

gesund essen   schlafen   draußen spielen

sich pflegen   sich ausruhen   Sport treiben

---

3 In Worte fassen, wann das Händewaschen nötig ist: nach dem Nachhausekommen, vor dem Essen, nach dem Toilettengang, nach dem Kontakt mit einem Tier. Verstehen, wozu Händewaschen gut ist (Entfernung von Schmutz und Krankheitserregern). **4** Die Aktivitäten auf den Bildern beschreiben und besprechen, warum sie dem Körper guttun. Eine Tätigkeit ergänzen.

Meine Zähne

 1 Betrachte und ertaste deine Zähne.

2 Zähle deine Zähne. Trage ein.

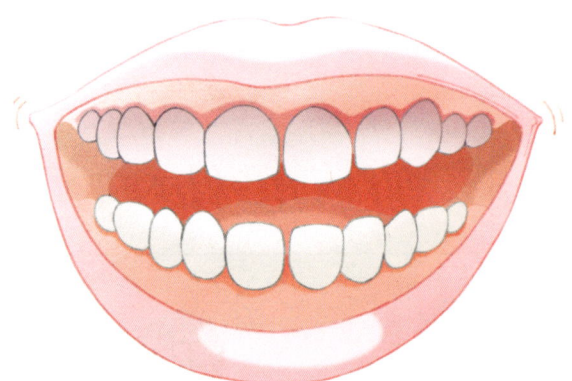

Oben sind ⬜⬜ Zähne.

Unten sind ⬜⬜ Zähne.

Ich habe ⬜⬜ Zähne.

Das ist mein

Milchgebiss.

3 Ein Zahn fällt aus. Warum?

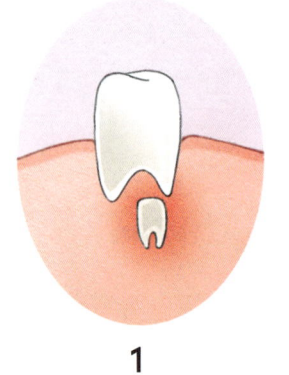

1   2   3   4

4 Trage die fehlende Zahl ein.

Im Alter von 14 Jahren

hast du ⬚3⬚ ⬚2⬚ neue Zähne.

⬚1⬚ ⬚6⬚ oben und ⬜⬜ unten.

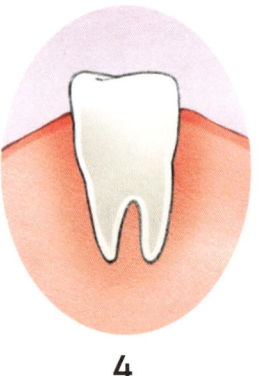

1 Die eigenen Zähne betrachten und ertasten. **2** Die Zähne im Ober- und Unterkiefer zählen und eintragen; die Gesamtzahl der Zähne eintragen. Erkennen, dass ein ausgebildetes Milchgebiss 20 Zähne hat. Das Wort Milchgebiss nachspuren. **3** Die Abbildung betrachten und die Entwicklung vom Zahnwechsel zum bleibenden Gebiss nachvollziehen. **4** Die Anzahl der bleibenden Zähne eintragen.

 S. 6

5 So putzt du deine Zähne.

Verwende die KAI-Technik.

Unten

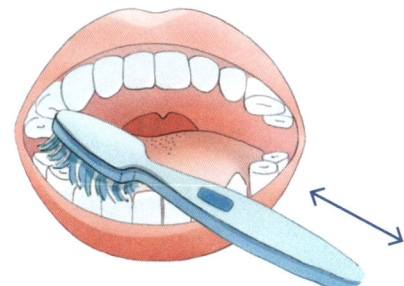 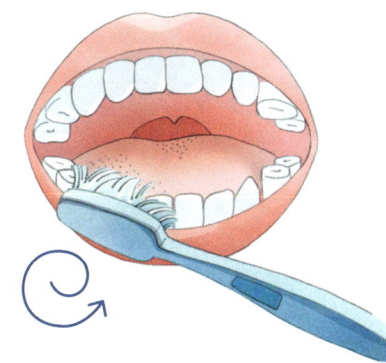 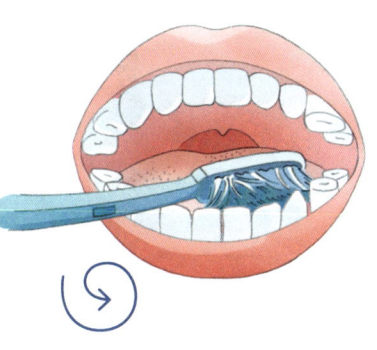

 Kaufläche  außen  innen

Oben

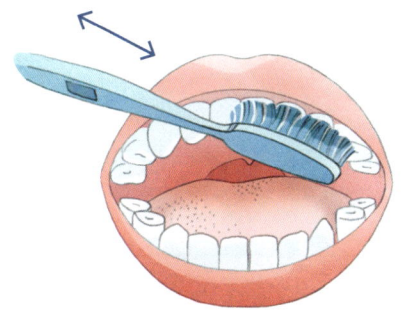 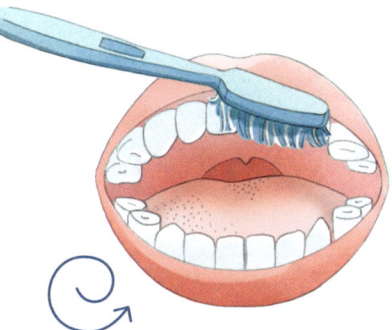 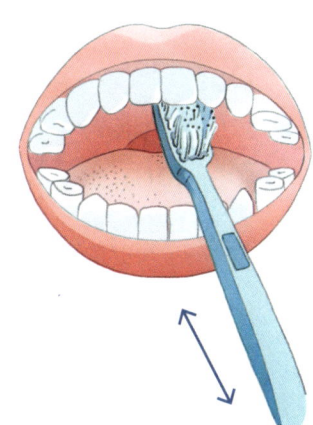

Zu viel Zucker schadet den Zähnen.
Zucker ist nicht nur in Süßigkeiten
oder Limonade.
Er wird zum Beispiel auch
in Tiefkühlpizza oder in manchen
Frühstücksflocken verwendet.

5 Die Bilder zur Zahnreinigung betrachten und die KAI-Technik (Kauflächen, Außenseiten, Innenseiten) kennenlernen. Zeitpunkte und Häufigkeit der Zahnpflege besprechen. Verstehen, warum Zahnpflege und auch zahnärztliche Kontrolle nötig sind. Erfahren, warum beim Zuckerkonsum Maßhalten angebracht ist. Auf „versteckten" Zucker aufmerksam werden.

S. 10, 15

Die fünf Sinne

 1 Untersuche einen Apfel.

Wie sieht er aus?

Wie riecht er?

Wie fühlt er sich an?

Wie klingt es, wenn ich hineinbeiße?

Wie schmeckt er?

2 Male.

Das schmecke ich gern:

Das rieche ich gern:

3 Welche Sinne werden in den Fotos gebraucht? Kreise ein.

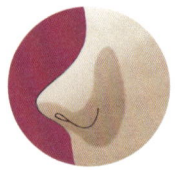

riechen

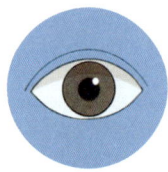

sehen

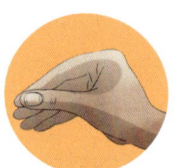

tasten

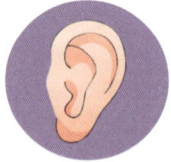

hören

schmecken

1 Mithilfe eines Apfels die fünf Sinne erfahren. **2** Motive malen, für die die Sinne „schmecken" und „riechen" benötigt werden.
3 Die Sinnesorgane benennen: Nase, Auge, Haut, Ohr, Zunge. Die fünf Sinne benennen: riechen, sehen, tasten, hören, schmecken.
Einkreisen, welche Sinne auf den Fotos beansprucht werden. | Selbsteinschätzung S. 2

S. 7, 16

Im Frühling

💬 **1** Wie werden die Jungtiere genannt? ○

Die  hat

Küken

Das  hat

Frischlinge

Das  hat ein

Kitz

Den Frühling als Erwachen der Natur nach dem Winter wahrnehmen: wiederkehrende Wärme, wiederkehrendes Grün nach dem Schnee, es werden viele Jungtiere geboren wie z. B. Lämmer. **1** Die Tiere benennen und die Bezeichnungen für die Jungtiere lernen. Den Lebensraum der Tiere bestimmen. Schaf: Weide, Ente: Gewässer (Teich, See, Fluss, Kanal), Wildschwein und Reh: Waldrandzone mit ausreichender Deckung.

39

Frühblüher

💬 **1** Frühblüher blühen früh im Jahr.
Welche Farben und Formen haben die Blüten?

1 Krokus   **2** Narzisse   **3** Märzbecher

✏️ **2** Vergleiche die Frühblüher mit denen auf den Fotos.
Ordne zu: 1 2 3

1 „Frühblüher" in Beziehung zu „früh im Jahr blühen" setzen. Die Frühblüher auf den Fotos bezeichnen und ihre Farben benennen.
Die Blütenformen beschreiben (Krokus: kelchförmig, Narzisse oder Osterglocke: radförmig, Märzbecher: becherförmig).
2 Die drei Frühblüher den Fotoabbildungen in Aufgabe 1 zuordnen. Die entsprechenden Zahlen in die Kästchen eintragen.

S. 6, 12

✏ **3** Male die Tulpe an. Wähle eine Farbe für die Blüte.
Spure die Wörter nach.

Blüte

Stängel

Blatt

Zwiebel

Wurzeln

✏ **4** Ergänze den Satz.

Schneeglöckchen wachsen im Februar

aus Z

3 Eine Farbe für die Blüte auswählen und die Tulpe ausmalen. Die Bezeichnungen für die einzelnen Teile der Tulpe nachspuren und anwenden. **4** Einen weiteren Frühblüher (Schneeglöckchen) kennenlernen und den Satz ergänzen. Märzbecher, Narzissen, Tulpen und Schneeglöckchen wachsen aus Zwiebeln, der Krokus wächst aus einer Knolle.

S. 2, 11, 12

41

Im Schulgarten

1 Betrachte das Bild. Was entdeckst du alles?

2 Welches Gemüse gehört zu welcher Pflanze? Verbinde.

| Tomate | Bohne | Zwiebel | Erbse |

1 Beschreiben, wie der Schulgarten angelegt ist. Überlegen, wofür der Komposthaufen gut sein könnte (Entsorgung von Gartenabfällen, Erstellung von Dünger, Anlocken von nützlichen Gartentieren). Den Stapel mit Totholz beachten (Unterschlupf für Insekten). **2** Die Früchte und die Zwiebeln der zugehörigen Pflanze zuordnen. Verschiedene Gemüsearten in der Klasse anschauen, untersuchen und vergleichen.

S. 6

✏ **3** Unterscheide zwei Bodenarten. Kreuze an. ◯

	👁	👃	✋
Sand	hell ☐ dunkel ☐	riecht ☐ riecht nicht ☐	fein ☐ klebrig ☐
Erde	hell ☐ dunkel ☐	riecht ☐ riecht nicht ☐	fein ☐ klebrig ☐

✋✏ **4** Säe Ostergras. Beobachte, wie es wächst. ◯

Du brauchst:

EinKaufszettel
- Erde
- Schale
- Samen
- Sprühflasche

1. Tag

___. Tag

___. Tag

___. Tag

3 Zwei Bodenarten (Sand/Gartenerde) unterscheiden. Aussehen, Geruch und Beschaffenheit untersuchen. Eigenschaften ankreuzen. Erfahren, welche Bodenarten sich für welche Pflanzen eignen. **4** Nach Anleitung das Gras aus Samen heranziehen und Entwicklungsphasen wahrnehmen. Auch Hinweise auf dem Samentütchen berücksichtigen.

S. 8, 9, 15, 16

43

Ostern

✏️ **1** Finde die Ostereier. Male sie aus. ◯

💬 **2** Betrachte die Bilder. Welche Osterbräuche kennst du? ◯

1 Alle Eier im Bild finden und ausmalen. Wer mag, kann die Ostereier zählen. **2** Erzählen, ob in der Familie das Osterfest gefeiert wird. Die Fotos betrachten und sich über Osterbräuche austauschen. Hier abgebildet: Eiersuchen, Osterreiten in der Lausitz, Osterfeuer. Etwas über die Ursprünge von Osterbräuchen herausfinden.

✏️ **3** Wie kommt die Häsin zu ihren Jungen? Zeichne den Weg ein. ◯

💬 **4** Feldhase und Wildkaninchen: Was ist anders? ◯

Feldhase

Wildkaninchen

3 Den Weg im Labyrinth einzeichnen. Etwas über Feldhasen erfahren: Die Häsin lässt ihre Jungen weitgehend allein. Sie kommt nur zum Säugen vorbei, da ihr Geruch Feinde anlocken würde. **4** Feldhasen und Wildkaninchen vergleichen. Unterschiede und Gemeinsamkeiten herausarbeiten: Größe, Körperbau, Kopfform, Länge von Ohren und Beinen, Farbgebung.

Geräusche

1 Welche Geräusche sind in der Wohnung zu hören?

2 Was hört ihr?
Testet euch.

3 Erzählt eine Geschichte
mit vielen Geräuschen.

Wir hören
schon das Tosen des
Wasserfalls ...

Wie klingt
das?

1 Die Geräusche nennen (oder nachahmen), die in der Wohnung zu hören sind. Auf das eigene Lebensumfeld beziehen:
„Was höre ich, wenn bei mir zu Hause die Fenster auf sind?" **2** In der Klasse Hörtests mit verschiedenen Gegenständen durchführen.
3 Eine kurze Geschichte ausdenken und sie mithilfe von selbst erzeugten Geräuschen effektvoll erzählen. | Selbsteinschätzung S. 2

S. 16

Tiere bei uns zu Hause

✏️ **1** Wie heißen die Körperteile des Hundes? Trage ein. ⭕

1 Kopf

2 Hals

3 Schulter

4 Schwanz

5 Bein

6 Pfote

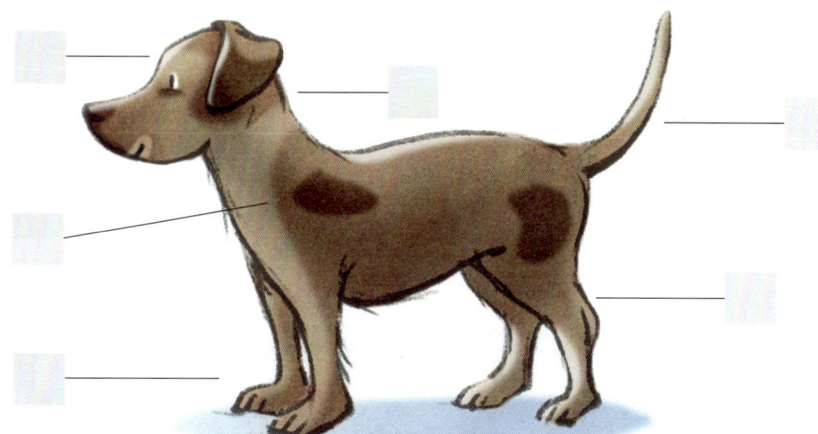

Das Bild anschauen und über das Zusammenleben mit Tieren sprechen: Wie könnte der Alltag der Familie mit dem Hund aussehen? In Erfahrung bringen, welche Tiere in Deutschland oft als Haustiere gehalten werden. Überlegen, was für oder gegen die Anschaffung eines Haustieres spricht. **1** Den Körperbau eines Hundes betrachten und die Begriffe zuordnen.

47

Ein Hund als Haustier

1 Betrachte das Bild. Was entdeckst du alles?

2 Finde die Hunde im großen Bild.
Trage die passenden Zahlen ein.

Labrador

Dackel

Schäferhund

Pudel

1 Das Bild betrachten und die Unterschiede zwischen den Hunden wahrnehmen. **2** Die Hunde auf den Fotos den Hunden im großen Bild zuordnen. Weitere Hunde mündlich ergänzen bzw. an der Tafel sammeln. Erfahren, dass der Hund vom Wolf abstammt und zu den ersten Haustieren des Menschen zählt.

S. 6, 3

3 Was braucht Daniels Hund Fips?

4 Was teilt Fips Daniel mit? Verbinde.

Ich möchte spielen.

Ich ergebe mich.

Ich habe Angst.

Ich bin aufmerksam.

3 Die Bedürfnisse eines Hundes beschreiben: u.a. Zuwendung, Futter und Wasser, Ruhe, Auslauf und Gassirunden, Pflege, Beschäftigung.
Das Halten eines Haustieres als verantwortungsvolle und zeitintensive Aufgabe wahrnehmen. **4** Die Körpersprache eines Hundes deuten.
Oben links: Ich bin aufmerksam. Oben rechts: Ich möchte spielen. Unten links: Ich habe Angst. Unten rechts: Ich ergebe mich.

49

Sich informieren

💬 **1** Wie heißen diese Medien?

✏️ **2** Du willst etwas über Hunde herausfinden.
Welche Medien verwendest du? Kreise ein.

✏️ **3** Kreuze an: Mit diesem Medium kann ich ...

| ins Internet gehen. | lesen. | telefonieren. |
| einen Brief schreiben. | Musik hören. | fernsehen. |

1 Die Medien benennen. Erzählen, welche Geräte in der Klasse oder zu Hause benutzt werden. Weitere Medien aufführen (Radio, Zeitung, Zeitschrift ...).
2 Überlegen, welche Medien sich für die Recherche zu einem Thema eignen. **3** Die richtige Funktion des jeweiligen Mediums ankreuzen. Besprechen, welchen Nutzen der Gebrauch von Medien haben kann: Information, Kommunikation, Unterhaltung.

💬 **4** Eine Kinderzeitschrift berichtet über Hunde,
die dem Menschen helfen. Was zeigen die Bilder?

✏️ **5** Male ein Tier, das dem Menschen hilft.
Du kannst auch ein Bild heraussuchen und einkleben.

4 Eine Kinderzeitschrift gemeinsam in der Klasse ansehen: Wie ist sie gestaltet? Was wird thematisiert? Überlegen, wie die Hunde auf den Bildern dem Menschen helfen. **5** Die Fotomotive besprechen: Blindenführhund, Rückepferd, Packesel. Weitere Beispiele finden (Schulhund, Polizeipferd ...). Einen „tierischen Helfer" malen oder mithilfe eines Erwachsenen ein Foto im Internet heraussuchen und das ausgedruckte Bild aufkleben.

51

Mein Lieblingstier

1 Welches Tier magst du besonders gern? Kreuze an. ◯

2 Male dein Lieblingstier. ◯

2 Sammle Bilder, die dein Lieblingstier zeigen: beim Fressen, beim Tierarzt ... Falte ein Leporello. Klebe die Bilder auf. ◯

Du brauchst:

DIN A4

Gehe so vor:

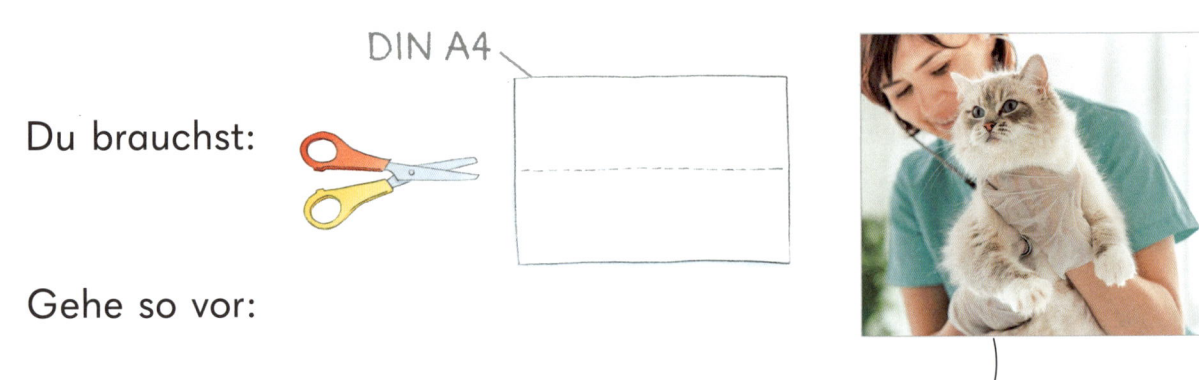

1 Tiere benennen: Hund, Wellensittich, Katze, Hamster, Meerschweinchen, Kaninchen, Fisch. Das favorisierte Tier ankreuzen.
2 Das eigene Lieblingstier malen. **3** Für das Leporello mithilfe eines Erwachsenen Bilder des jeweiligen Lieblingstieres im Computer oder in Büchern heraussuchen und ausdrucken bzw. kopieren lassen. Auch möglich: Bilder aus Zeitschriften ausschneiden. | Selbsteinschätzung S. 2

S. 15

Wir lernen Räume kennen

Darf ich bei euch wohnen?

1 Was würdest du in deiner Höhle machen? Male.

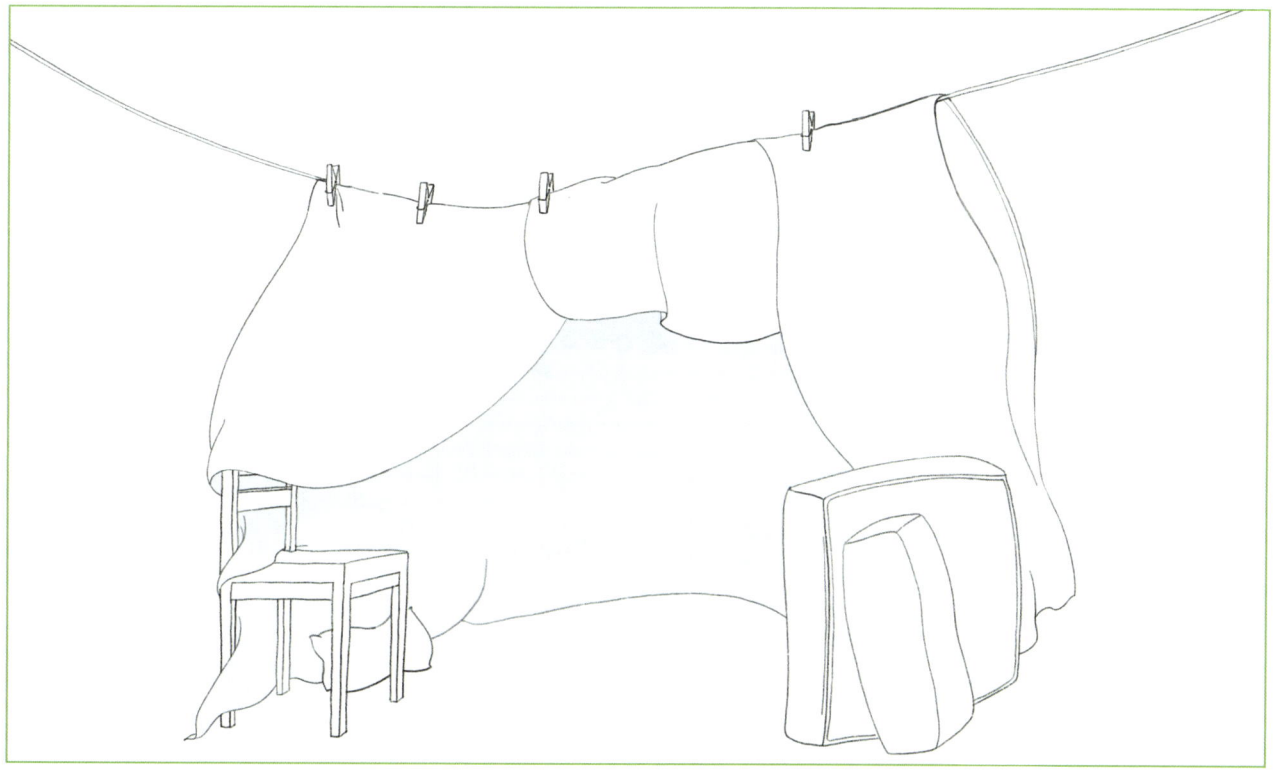

Das Bild betrachten und die Atmosphäre erfassen. Aspekte aufgreifen wie z. B.: es sich gemütlich machen, sich zurückziehen, einen Raum selbst gestalten. Erzählen, was für eine Höhle man selbst bauen würde (in der Wohnung oder Baumbude) und welche Sachen oder Materialien sich dafür eignen würden. 1 Die Höhle ausmalen und sich selbst in der Höhle malen.

S. 2

53

Wie Kinder wohnen

1 Lukas wohnt mit seiner Familie in einer Stadtwohnung. Was entdeckst du alles?

2 Wie werden die einzelnen Zimmer genannt?

3 Finde die Dinge im großen Bild.
Sage zum Beispiel: „Der Computer steht im Arbeitszimmer."

1 Den Grundriss einer Wohnung betrachten und besprechen. **2** Die Räume bezeichnen und ihre jeweilige Funktion beschreiben. Über die eigene Wohnsituation sprechen. **3** Die Gegenstände im großen Bild darüber wiederfinden und den entsprechenden Räumen zuordnen. Weitere Gegenstände auflisten, die sich typischerweise in einem Wohnzimmer, einem Badezimmer etc. befinden.

S. 6

4 Nara wohnt in einer Jurte. Ihre Familie hält Schafe.
Ist das Weideland abgegrast, zieht die Familie weiter.
Versuche, dir das Leben von Nara vorzustellen.

5 So wohnen Lukas und Nara.
Trage die Anzahl der Zimmer ein.

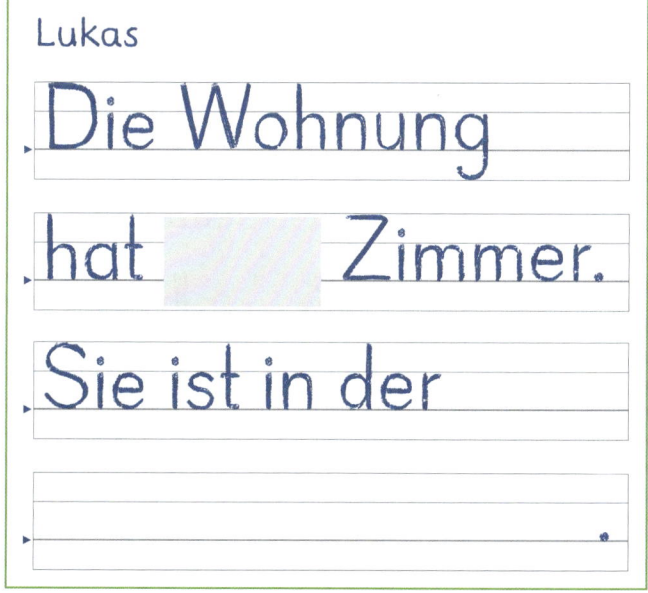

Lukas

Die Wohnung

hat   Zimmer.

Sie ist in der

Nara

Die Jurte

hat   Raum.

Sie steht auf der

4 Die Wohnkultur und Formen des Zusammenlebens in einem anderen Land (hier: Mongolei) kennenlernen. **5** Unterschiede zwischen Lukas' und Naras Wohnsituation erkennen (Lage, Baumaterial, Zimmer, Ausstattung). Die Anzahl der Zimmer bzw. Räume eintragen und in den Texten jeweils ein Wort ergänzen: „Stadt" und „Wiese" (oder „Weide").

S. 6

55

Schulwege

✎ **1** Male den Schulweg von Tino oder Tini in einer Farbe aus. ⭕

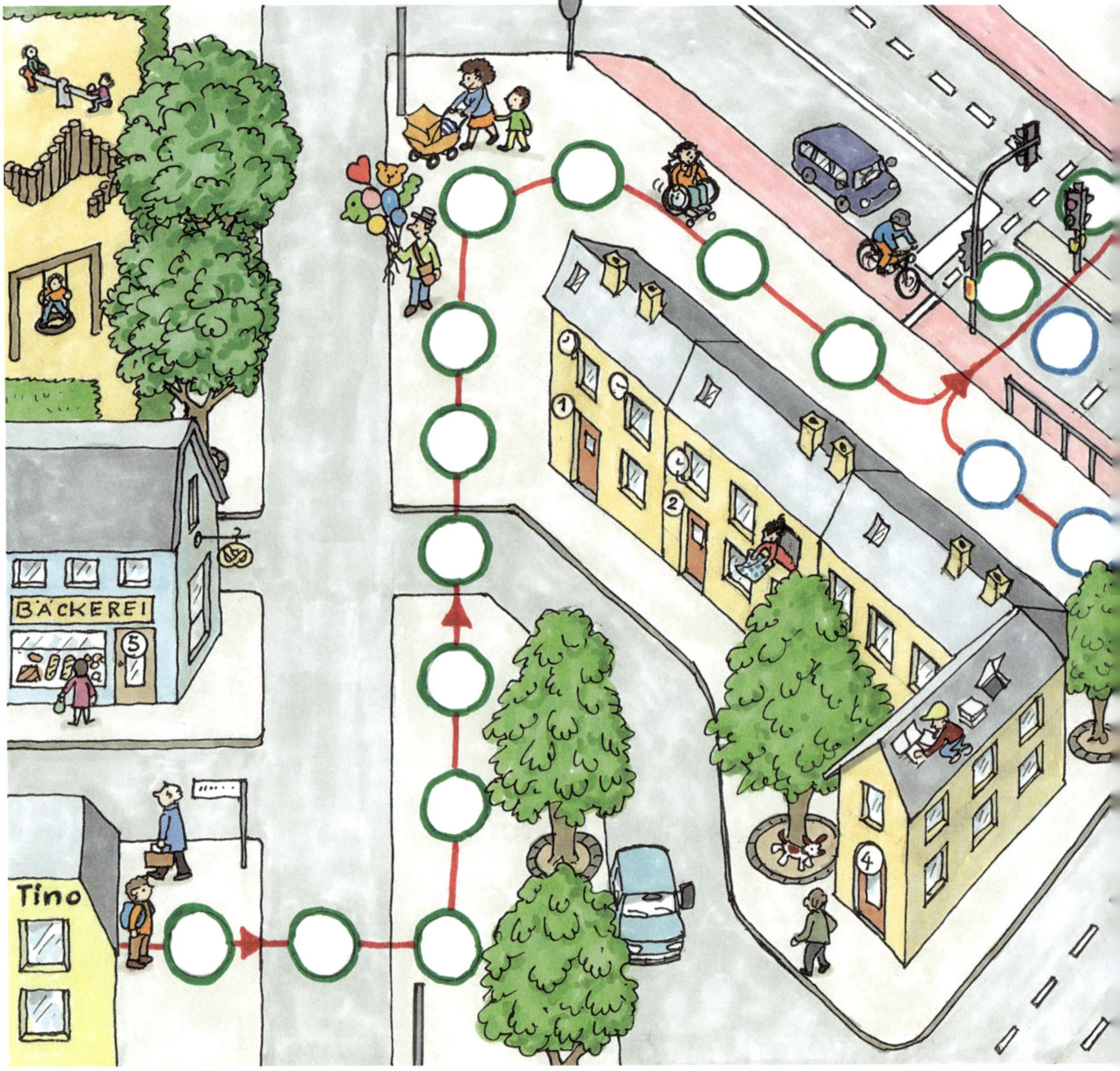

✎ **2** Was liegt auf dem Weg, den du gewählt hast? Kreuze an. ⭕

1 Den jeweiligen Ausgangspunkt von Tino/Tini sowie das Ziel (die Schule) auf dem Plan ausmachen. Einen der beiden Schulwege kennzeichnen; dafür die Kreise in einer bestimmten Farbe ausmalen. Überlegen: Was muss Tino/Tini beachten, um sicher in der Schule anzukommen? **2** Dem Schulweg von Tino/Tini die passenden Bildausschnitte zuordnen.

💬 **3** Was bedeuten diese Verkehrszeichen? ◯

3 Die Verkehrszeichen beschreiben und erklären. Über Verkehrssituationen auf dem eigenen Schulweg sprechen, z. B.:
Sind stark befahrene Verkehrsstraßen zu überqueren? Stehen Ampeln oder Zebrastreifen zur Verfügung? Auf Verkehrsschilder
im Umfeld der Wohnung oder der Schule aufmerksam werden.

S. 6, 14

Mit dem Bus fahren

✏️ **1** Wie kommst du zur Schule? Kreuze an. ⭕

mit dem Schulbus

mit dem Linienbus

mit dem Auto

mit dem Fahrrad

zu Fuß

✏️ **2** Der Schulbus ist da.
Verhalten sich die Kinder ☺ oder ☹? Zeichne ein. ⭕

1 Sich über den Schulweg austauschen und Aspekte wie Entfernung, Sicherheit, Umwelt besprechen. **2** Über soziales und sicherheitsorientiertes Verhalten an der Bushaltestelle sprechen: Müll im Mülleimer entsorgen, beim Einstieg in den Bus nicht drängeln, sondern nacheinander einsteigen, sich nicht direkt vor (oder hinter) den Bus stellen.

 S.6

✏️ **3** Verhalten sich die Leute im Linienbus ☺ oder ☹ ?
Zeichne ein.

4 Überlegt euch Regeln. Im Anschluss können
sie an der Tafel zusammengefasst werden.

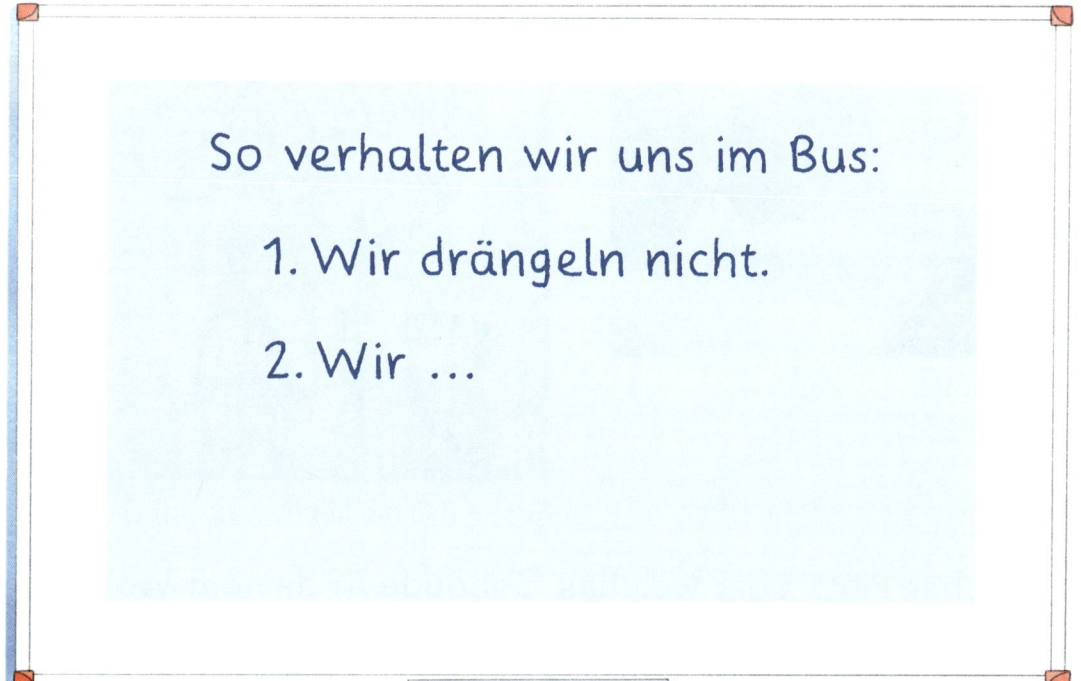

So verhalten wir uns im Bus:

1. Wir drängeln nicht.

2. Wir …

---

3 Die Verhaltensweisen der Passagiere beurteilen. 1. Reihe: nicht herumturnen, Bedürftigen einen Platz anbieten, nicht essen. 2. Reihe: nicht die Füße auf den Sitz legen, durchrücken, sich festhalten. **4** In Zweierarbeit Regeln für das Verhalten im Bus oder an der Haltestelle überlegen. Im Anschluss können die wichtigsten Regeln von der Lehrkraft an der Tafel gesammelt werden.

Räume und Gebäude

1 Wie würdest du gern wohnen? Kreuze an.

in der Natur

in der Stadt

unterwegs

2 Welche Worte beschreiben welchen Raum? Ordne zu.

1 | klein | eng | ohne Möbel |

2 | groß | weit | feierlich |

3 | behaglich | niedrige Decke |
| mit Holzmöbeln |

Zelt

Berghütte

Kirche (Nikolaikirche Leipzig)

3 Welcher Platz oder welches Gebäude in deinem Wohnort gefällt dir besonders gut? Erzähle. Vielleicht kannst du ein Foto mitbringen.

1 Über unterschiedliche Wohnformen sprechen. Vorlieben nennen und Vor- und Nachteile überlegen. **2** Die Räume auf sich wirken lassen. Die Begriffe dem jeweils passenden Raum zuordnen. **3** Einen ausgewählten Ort aus der näheren Umgebung beschreiben. Ggf. kann mit Smartphone oder Fotoapparat ein Bild gemacht und der Klasse gezeigt werden. | Selbsteinschätzung S. 2

 S. 6

Zeit vergeht

💬 **1** Tom hat Geburtstag. Was macht er? ◯

am Morgen

am Vormittag

am Mittag

am Nachmittag

am Abend

in der Nacht

Das Bild betrachten: Welchen besonderen Tag feiert das Kind? Wie alt wird es? Von eigenen Geburtstagritualen berichten.
1 Toms Tagesablauf beschreiben. Zwischen Alltagsroutinen und besonderen Ereignissen (Geburtstag) differenzieren. Zeitbegriffe verwenden, z. B.: „Was tut Tom am Morgen?" oder: „Warum ist dieser Morgen anders als sonst?".

Wochentage und Monate

💬 **1** Was will Tom unternehmen? ⭕

✏️ **2** Was könnte Tom am Wochenende tun? Male. ⭕

Toms Wochenplan

Montag		**Freitag**	
Dienstag		**Samstag**	
Mittwoch		**Sonntag**	
Donnerstag		So viele Tage hat die Woche:	

1 Über die Bilder in Toms Freizeitplan sprechen. Die Namen der Wochentage in Verbindung mit Toms geplanten Aktivitäten nennen. Über die Funktion eines Wochenplans sprechen. Diskutieren: Was sollte geplant und in einem Terminkalender festgehalten werden? Was passiert spontan? Einen eigenen Wochenplan anfertigen. **2** Toms Wochenende malen.

💬 **4** Erzähle zu den Monaten. ○

Januar  Februar  März

April  Mai  Juni

Juli  August  September

Oktober  November  Dezember

So viele Monate hat das Jahr: ☐

✏️ **5** Suche dir einen Monat aus. Male, was dazu passt. ○
Schreibe den Monatsnamen unter das selbst gemalte Bild.

▸

4 Die Monate benennen und mit Naturerscheinungen, wetterbedingten Aktivitäten oder bestimmten Feiertagen in Verbindung bringen.
Die Monate zählen und die Zahl eintragen. **5** Einen Monat auswählen. Malen, was man mit dem Monat verbindet (allgemeintypisch oder
individuelle Ereignisse wie z. B. Geburtstag). Den Monatsnamen unter das selbst gemalte Bild schreiben.

63

Die Jahreszeiten

💬 **1** Betrachte das Bild. Was entdeckst du alles? ○

✏️ **2** Finde die Bildausschnitte im großen Bild. Kreise ein. ○

💬 **3** Was tun diese Tiere im Winter? Vermute und erzähle. ○

1 Das Bild betrachten. Die jahreszeitlichen Veränderungen durch Vergleichen der Einzelbilder erkennen und in Hinblick auf Wetter, Pflanzen und Tierwelt beschreiben. **2** Die Tiere in den Bildausschnitten im großen Bild wiederfinden und dort einkreisen. **3** Überlegen, wie die Tiere aus den Bildausschnitten über den Winter kommen.

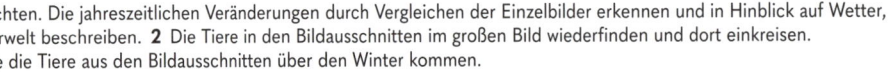 S. 6

Juni
Juli
August
Sommer

September
Oktober
November
Herbst

✏️ **4** Ergänze die richtigen Jahreszeiten. ⭕

Im ▸ _____ ziehen Störche Richtung Süden.

Im ▸ _____ graben Eichhörnchen ihre Vorräte aus.

Und was machen Hasen im Frühling?

4 Anpassung der Tiere an die jahreszeitlichen Lebensbedingungen erkennen. Die passenden Jahreszeiten mithilfe der großen Illustration herausfinden: Herbst (Störche fliegen Richtung Süden), Winter (Eichhörnchen graben Vorräte aus). Die Wörter in die entsprechende Lineatur eintragen.

S. 6

65

FREUNDESEITE

Wir werden älter

1 Wie alt sind die Kinder? ◯
Verbinde.

💬 2 Betrachte das ◯
Bild links. Erzähle.

7 Jahre	2 Jahre	5 Jahre

So haben sich die Kinder
verändert:

- ihre Größe
- ihr Aussehen
- ...

3 Jede Kerze steht für ein Jahr.
Male weitere Kerzen, die zeigen,
wie alt du wirst.
Beende die Sätze.

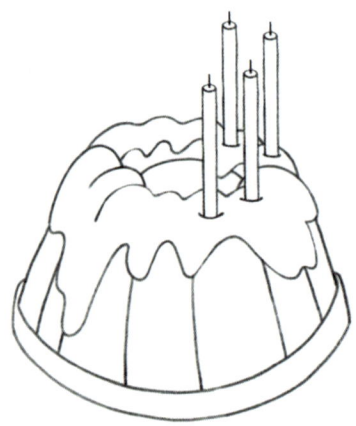

◯

In diesem Monat habe
ich Geburtstag:

In dieser Jahreszeit habe
ich Geburtstag:

1 Das jeweilige Alter der Kinder schätzen und den vorgegebenen Altersangaben zuordnen. **2** Erzählen, wie sich das Aussehen vom Baby-
oder Kleinkindalter bis zur Schulzeit verändert. Überlegen: Welche Fähigkeiten werden in dem Zeitraum erworben? **3** Die Geburtstagstorte
ausmalen und die Kerzen ergänzen. Informationen über den eigenen Geburtstag eintragen. | Selbsteinschätzung S. 2

S. 2

Im Sommer

Pack die Badehose ein!

✏️ **1** Was möchtest du in den Sommerferien machen? Male. ⭕

Das Bild betrachten. Den Spaß der Kinder wahrnehmen und über Aspekte wie leichte Kleidung, Abkühlung und Freizeitgestaltung im Sommer sprechen. Überlegen, was wir alles mit der Jahreszeit verbinden (Reisezeit, Trockenheit in der Natur, lange Tage ...).
1 Reisewünsche oder Ferienbeschäftigung zu Hause malen.

67

Licht und Schatten

 1 Welche Schatten werft ihr? Probiert Verschiedenes aus.

Schattenhampeln

Schattengruß

Schattenfangen

Schattenmessen

2 Beende die Sätze unter den Bildern.

Die Sonne steht hoch.

Der Schatten ist

Die Sonne steht tief.

Der Schatten ist

1 Die in der Sonne spielenden Kinder betrachten. Selbst Schattenspiele zu verschiedenen Zeiten auf dem Schulhof ausführen. Dabei die Längen der Schatten messen und feststellen, dass Schatten je nach Lichteinfall unterschiedlich lang sind.
2 Schattenlängen mit dem Stand der Sonne in Verbindung bringen. Die Sätze mit den Wörtern „kurz" und „lang" vervollständigen.

S. 8

3 Probiere aus. Zeichne den Schatten des Bausteins. ◯

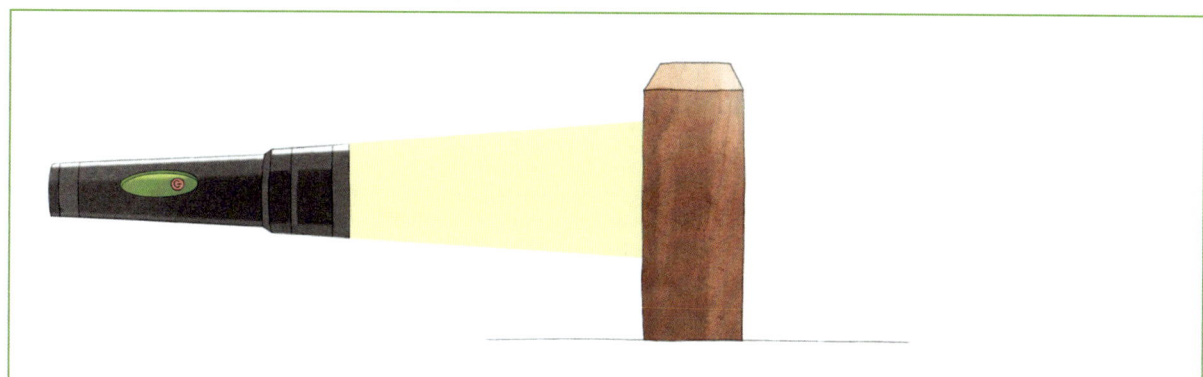

4 Welche Lampe muss jeweils leuchten? Zeichne das Licht ein. ◯

5 Welche Dinge lassen Licht hindurch?
Male die Kreise neben diesen Dingen gelb aus. ◯

 ◯

 ◯

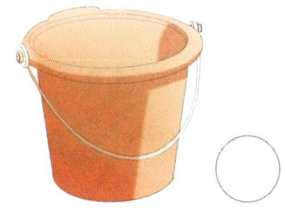 ◯

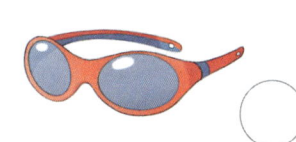 ◯

 ◯

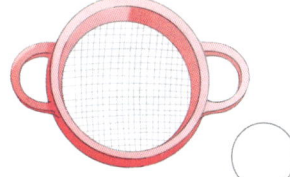 ◯

3 und **4** Die Taschenlampe als künstliche Lichtquelle einsetzen (natürliche Lichtquelle: die Sonne). Erkennen: Schatten ist der dunkle Raum hinter einem beleuchteten lichtundurchlässigen Körper. Er fällt in die der Lichtquelle abgewandte Richtung. **5** Vergleichbare Gegenstände auf ihre Lichtdurchlässigkeit hin untersuchen. Gegenstände, die Licht durchlassen, durch Ausmalen der Kreise kennzeichnen.

S. 8

69

Auf der Wiese

1 Betrachte das Bild. Was entdeckst du alles? ◯

2 Finde die Pflanzen im großen Bild.
Trage die passenden Zahlen ein. ◯

Schafgarbe   Rotklee   Gänseblümchen   Distel

1 Die Tiere auf der Wiese benennen. In der Luft: Hummel, Marienkäfer, Tagpfauenauge. Am Boden: Feldlerche. Im Boden: Feldmaus, Regenwurm. Erfahren, dass einige Vogelarten ihre Nester auf dem Erdboden bauen, wie hier die Feldlerche. Sie werden „Bodenbrüter" genannt. **2** Vier Pflanzen im großen Bild wiederfinden und richtig zuordnen.

 S. 6

✂ **3** Spure die Tiernamen nach. Klebe die passenden Bilder auf. ◯

✂ ✏
Seite 87

Die ▸ Hummel

sammelt Nektar
in der Blüte.

✂ ✏
Seite 87

Die ▸ Maus

frisst Gras
und Samen.

✂ ✏
Seite 87

Die ▸ Feldlerche

brütet
am Boden.

💬 **4** In Deutschland stehen die meisten wildlebenden Tiere
unter Naturschutz.
Überlege, warum Tiere geschützt werden müssen. ◯

geschützt

Maulwurf

geschützt

Himmelblauer Bläuling

geschützt

Blindschleiche

3 Die Tiernamen nachspuren. Die Bilder auf S. 87 ausschneiden und passend aufkleben. Über die Bedeutung des Lebensraumes Wiese sprechen: Er bietet Tieren Nahrung und Sichtschutz. **4** Besprechen, was „Naturschutz" bedeutet (z. B. Erhalt der Artenvielfalt). Überlegen, was wildlebenden Tieren zur Gefahr werden kann (Einsatz von Pestiziden, Verlust von Lebensraum …).

Wasser

1 Wann ist Wasser fest statt flüssig? Kreise ein. ○

2 Wofür brauchen wir Wasser? Male. ○

 3 Ein Spielzeugtier einfrieren ○

Ihr benötigt:
– 1 Spielzeugtier aus Gummi oder Kunststoff
– 1 leeren Joghurtbecher

① Füllt Wasser in den Joghurt-becher.

② Stellt das Tier in den Becher.

③ Stellt den Becher für vier Stunden ins Gefrierfach.

④ Den Becher ablösen.
Überlegt:
Wie befreit ihr das Tier aus dem Eis?

1 Die Bilder von der Eisfläche und vom Schneemann einkreisen. Ab einer gewissen Kälte wird das flüssige Wasser fest: Es gefriert.
2 Drei weitere Beispiele ergänzen. Sich bewusst werden, wie oft wir im Alltag Wasser verwenden. Die „Befreiung" des Spielzeugs kann mithilfe von Wärme beschleunigt werden. | Selbsteinschätzung S. 2

S. 8

SACHWISSEN

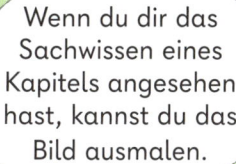

Wenn du dir das Sachwissen eines Kapitels angesehen hast, kannst du das Bild ausmalen.

Ab hier mit BuchTaucher-App!

3 In der Schule
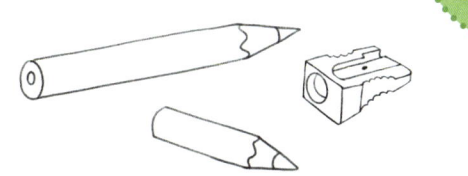

39 Im Frühling

11 Im Herbst

47 Tiere bei uns zu Hause

19 Miteinander leben

53 Wir lernen Räume kennen

25 Im Winter

61 Zeit vergeht

31 Das tut mir gut

67 Im Sommer

In der Schule

Klassenregeln	Klassenregeln sorgen dafür, dass sich alle wohlfühlen und dass alle gut lernen können.

Beispiele für Klassenregeln:

- Wir sind freundlich zueinander.
- Wir hören einander zu.
- Wir sind pünktlich.
- Wir melden uns.
- Wir reden nicht durcheinander.
- Wir halten Ordnung.

Auf dem Schulweg

Darauf achten wir, wenn wir eine Straße überqueren:

Wir prüfen immer, ob die Straße frei ist. Wir schauen nach links, rechts, links.

Wenn eine Ampel in der Nähe ist, nutzen wir sie. An der Ampel heißt es: Bei Rot stehen, bei Grün gehen!

Ein Zebrastreifen hilft beim Überqueren der Straße. Wir gehen erst, wenn alle Autos stehengeblieben sind.

Parkende Autos versperren die Sicht. Nicht zwischen parkenden Autos auf die Straße laufen!

Im Herbst

Laubbäume

Die Äste und Zweige von Laubbäumen bilden eine Baumkrone. Die Früchte (zum Beispiel Eicheln) sind die Samen der Laubbäume.

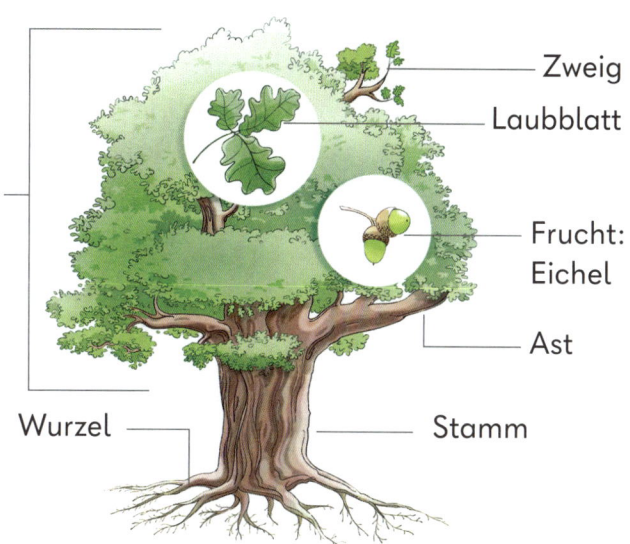

Krone — Zweig — Laubblatt — Frucht: Eichel — Ast — Wurzel — Stamm

	Eiche	Linde	Buche	Kastanie
Laub-blätter				
Früchte				

Nadelbäume

Nadelbäume haben längliche Blätter. Man nennt die Blätter Nadeln. Die Früchte der Nadelbäume heißen Zapfen. Sie enthalten die Samen.

	Fichte	Kiefer	Lärche
Nadeln			
Zapfen			

Miteinander leben

Miteinander

Menschen stehen in Kontakt mit anderen Menschen: in der Familie, in der Schule, im Beruf, im täglichen Leben. Wenn wir anderen mit Interesse und Verständnis begegnen, sorgen wir für ein gutes Miteinander. Regeln wie zum Beispiel Klassenregeln, Verkehrsregeln und Gesetze helfen dabei.

Sich streiten und vertragen

Manchmal streiten wir mit anderen. Es gibt verschiedene Wege, sich wieder zu vertragen.

- Die STOPP-Regel einführen: Wenn wir uns angegriffen fühlen, machen wir ein Handzeichen und sagen STOPP! Wenn das nichts ändert, holen wir uns Hilfe.

- Den ersten Schritt machen und auf den anderen zugehen.

Es tut mir leid, was ich gesagt habe.

- Sich einigen.

Wir wechseln uns ab. Erst du, dann ich.

Im Winter

Wetter-erscheinungen	Wettererscheinungen sind zum Beispiel Sonnenschein, Wolken, Stürme, Hitze, Kälte, Gewitter und Niederschlag. Niederschlag ist Wasser in flüssiger oder fester Form. Er fällt als Regen, Schnee, Hagel oder Graupel auf die Erde. Er setzt sich auch als Tau oder Reif an Gräsern ab.
Wetterzeichen	Beim Wetterbericht zeigt eine Wetterkarte, wie das Wetter in Deutschland oder in einer bestimmten Region ist oder wird. Dafür werden Wetterzeichen verwendet.

| Schnee | Regen | bewölkt | heiter | Nebel |

Vögel im Winter	Im Winter ist es für die Vögel schwerer, Insekten und Samen zu finden. Zugvögel verbringen den Winter in wärmeren Ländern. Vögel, die hierbleiben, werden Standvögel genannt. Wir helfen ihnen mit Vogelfutter.

Zu den Standvögeln gehören:

Rotkehlchen   Amsel   Blaumeise

Zu den Zugvögeln gehören:

Rauchschwalbe   Weißstorch   Kuckuck

Das tut mir gut

Gesund leben	

sich viel bewegen

gesund essen und trinken

So lebt der Mensch gesund

sich lieb haben

gut miteinander umgehen

den Körper täglich pflegen

genug schlafen und entspannen

Ernährung

Um gesund zu bleiben, sollten wir uns abwechslungsreich ernähren. Obst und Gemüse sind immer eine gute Wahl.

Obst		Gemüse	

Birne	Pflaume	Möhre	Kohl

Zähne

Die ersten Zähne, die der Mensch bekommt, werden **Milchzähne** genannt.

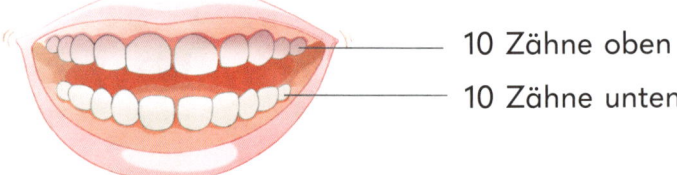

10 Zähne oben
10 Zähne unten

Während der Mensch älter wird und wächst, werden die Milchzähne nach und nach durch neue Zähne ersetzt. Diese werden **bleibende Zähne** genannt. Im Alter von 14 Jahren hat man 32 bleibende Zähne.

Im Frühling

Tierjunge

Viele Jungtiere kommen im Frühling auf die Welt.
So werden die Jungen genannt:

Pferd	Reh	Fuchs
Fohlen	Kitz	Welpe

Wildschwein	Schaf	Ente
Frischling	Lamm	Küken

Frühblüher

Frühblüher sind Pflanzen, die schon sehr früh im Jahr blühen.
Ist genügend Licht und etwas Wärme über dem Erdboden, kommen sie hervor. Frühblüher wachsen unter anderem aus Zwiebeln oder Knollen. Diese sind wie eine Vorratskammer. Sie speichern Nährstoffe.
Das sind Stoffe, die die Pflanzen zum Wachsen benötigen. Dadurch haben Frühblüher die Kraft, schon im Februar oder März aus dem Boden zu sprießen.

Zwiebel der Tulpe

Knolle des Krokus

Tiere bei uns zu Hause

Der Körper des Hundes	So heißen die Körperteile des Hundes. Der Schwanz wird auch **Rute** genannt.

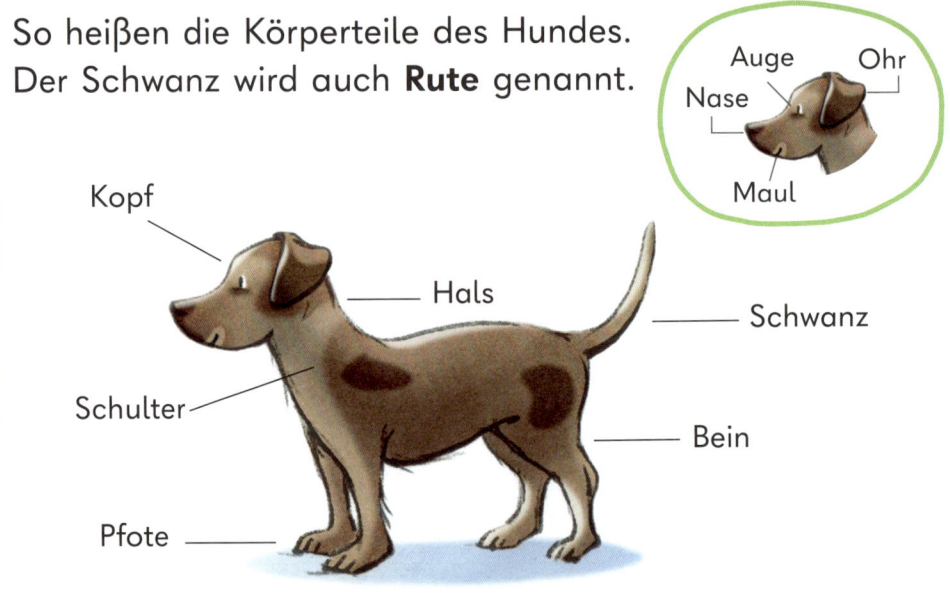

Die Körpersprache von Tieren	Wir können Tiere besser verstehen, wenn wir auf ihre Körperhaltung achten.

Nicht alle Tiere können sich so gut mitteilen. Deshalb ist es wichtig, sich über Tiere zu erkundigen. Dabei helfen Medien (Buch, Internet ...) oder ein Gespräch mit Leuten, die Erfahrung mit Tieren haben.

Tiere bei uns zu Hause | Medien

Medien	Medien versorgen uns mit **Informationen**. Wir können die Kindernachrichten im Fernsehen sehen oder im Internet Suchbegriffe eingeben. Wir benutzen Medien aber auch zur **Unterhaltung**, zum Beispiel, wenn wir uns einen lustigen Film anschauen. Mithilfe von Medien nehmen wir zudem **Kontakt** zu anderen Menschen auf: Wir telefonieren mit und ohne Bild; wir verschicken eine E-Mail oder eine Textnachricht.

Digitale Medien

Smartphone	Tablet	Notebook

Das Smartphone ist ein Telefon. Man kann auch Spiele auf dem Smartphone spielen oder ins Internet gehen. Es wird zudem als Fotoapparat benutzt.	Ein Tablet hat einen größeren Bildschirm als ein Smartphone. Man steuert es mit dem Finger oder schreibt mit einem bestimmten Stift auf dem Bildschirm.	Ein Notebook hat einen noch größeren Bildschirm. Es eignet sich zum Schreiben von längeren Texten, die man abspeichern und bearbeiten kann.

Medien aus Papier

Sachbuch	Tageszeitung	Zeitschrift
Wer etwas wissen möchte, kann in ein Sachbuch schauen. Dort stehen Informationen zu bestimmten Themen.	Eine Tageszeitung erscheint fast jeden Tag. Durch sie erfährt man, was sich Neues ereignet hat.	Eine Zeitschrift erscheint nicht täglich. Zeitschriften gibt es zu vielen unterschiedlichen Themen.

Wir lernen Räume kennen

Wohnen

Vor langer Zeit bauten sich die Menschen Hütten oder suchten Höhlen auf. Heute leben die meisten Menschen in Häusern. Es gibt aber auch Leute, die in einem Wohnwagen leben. Manche Menschen haben keine Wohnung, sondern leben auf der Straße.

Behausungen sind aus verschiedenen Materialien:

Norwegen, Europa:
Holz, Gras

Mongolei, Asien:
Wollfilz, Segeltuch

Spanien, Europa:
Steine

Norddeutschland,
Europa: Backstein

Kenia, Afrika:
Lehm, Stroh

Kenia, Afrika:
Beton, Stahl

Grundriss

Ein Grundriss verschafft uns einen guten Überblick. Wir erkennen, wie viele Zimmer es in der Wohnung gibt und dass sie unterschiedlich groß sind. Wir sehen, wie die Möbel angeordnet sind.

Arbeitszimmer   Bad   Küche

Von oben betrachtet sehen die Dinge anders aus, als wenn man davor steht:

Im Sommer

Licht und Schatten	Es gibt lichtdurchlässige und lichtundurchlässige Stoffe. 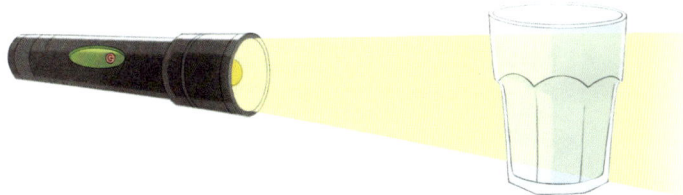 Das Wasserglas lässt das Licht hindurch. Das Wasserglas ist **lichtdurchlässig**.  Die Keramiktasse lässt das Licht nicht hindurch. Die Tasse ist **lichtundurchlässig**. Lichtundurchlässige Dinge erzeugen einen Schatten hinter dem angestrahlten Gegenstand.  Es gibt lichtdurchlässige Stoffe, bei denen das Licht nur durchscheint. Transparentsterne am Fenster sind ein Beispiel dafür.
Die Wiese	Auf einer Wiese wachsen Blumen, Kräuter und Gräser. Auf ihr leben zahlreiche Insekten, aber auch andere Tiere. Manche Vögel wie zum Beispiel die Feldlerche oder das Braunkehlchen bauen ihre Nester auf dem Wiesenboden. Wiesen werden meistens gemäht oder abgeweidet. Auf diese Weise wird die Wiese erhalten, denn sonst würden Bäume und Sträucher wachsen. 

Zeit vergeht

Zeit vergeht	Stunden, Tage, Monate, Jahre sind Zeitabschnitte. Ein Zeitabschnitt zeigt an, wie lange etwas dauert. Uhren und Kalender sorgen dafür, dass wir uns verabreden können. Wir können zu einer bestimmten Zeit zusammenkommen, zum Beispiel morgens in der Schule. 
Sieben Wochentage	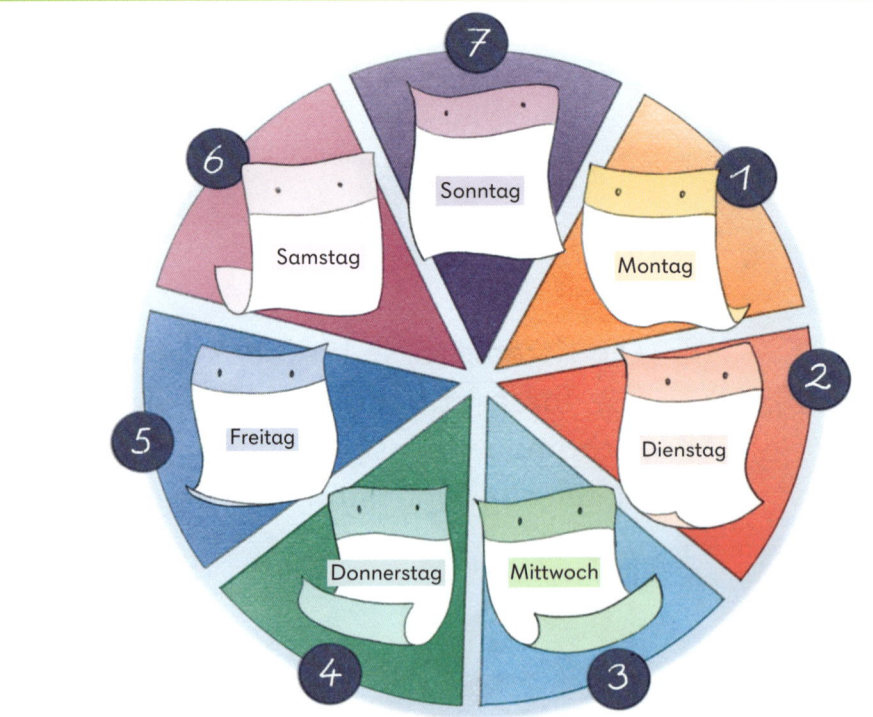
Zwölf Monate	   

Zum Ausschneiden

für Seite 7

für Seite 15

Zum Ausschneiden

für Seite 17

für Seite 71

Umweltfreunde 1

Name

220058624

Wegweiser Arbeitstechniken

Cornelsen

Ausmalen

- Ich nehme 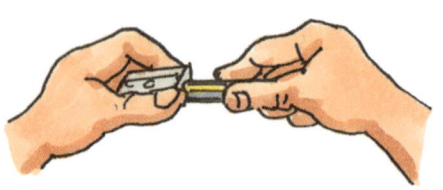 und .

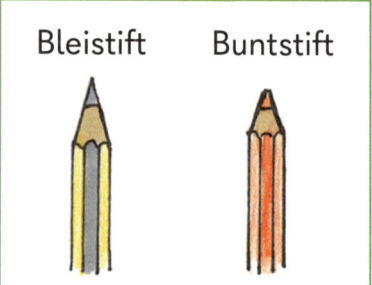

Bleistift   Buntstift

- Ich male.

So   oder   so

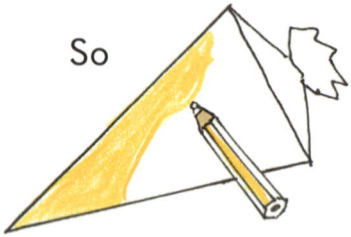

- Ich male so.

Ausmalen: Sachen oder Flächen mit Farbe ausfüllen oder bedecken: Ausmalbilder, Figuren, Kartons; Räume mit gemalten Bildern verzieren ...

Sammeln und ordnen

- Ich sammle:

- Ich ordne

nach der Farbe.    nach der Form.    nach der Größe.

Sammeln und Ordnen: Sachen zu einem Thema zusammentragen, sortieren und aufbewahren: Blätter, Fotos, Briefmarken, Spielautos, Pflanzen …

Schneiden

- Ich nehme eine ✂, dann:

- Ich gehe so mit der ✂ um:

| tragen | anderen geben | ablegen |

Schneiden: Sachen mit der Schere zerkleinern oder kürzen – abschneiden, einschneiden, durchschneiden: Papier, Karton, Folie, Stoff, einen Faden ...

Kleben

- Ich klebe so:

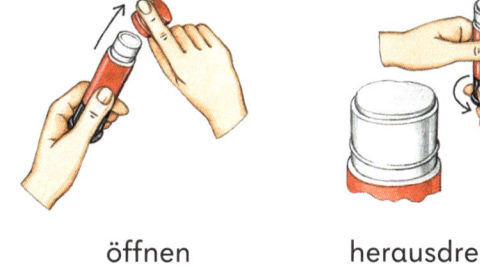

- Ich wende den 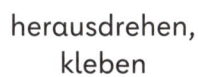 so an:

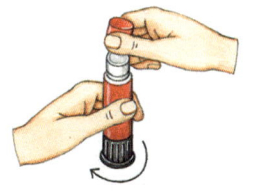

| öffnen | herausdrehen, kleben | hineindrehen, schließen |

Kleben: Sachen mit dem Klebestift sauber auf einer Unterlage befestigen: Papier, Karton, Stoff, einen Faden, ein Blatt, eine Blüte, Sand ...

5

Betrachten

- Ich will wissen: Wie sieht ein Blatt aus?
- Ich sehe alles genau an und erkenne:

1. Das ganze Blatt:

Das ist ein Kastanienblatt.

2. Form und Teile des Blattes:

Fingerform

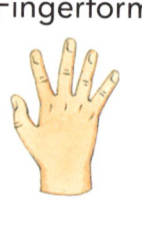

gesägter Blattrand

Oberseite

Unterseite

Anzahl der Blättchen: 7

Betrachten: Sachen genau ansehen, Einzelheiten erkennen: eine Pflanze, ein Tier, einen Stein, ein Bild, ein Haus, ein Denkmal, eine Briefmarke ...

Untersuchen

- Ich schneide zwei Äpfel durch:

Apfel **1** so:
Apfel **2** so:

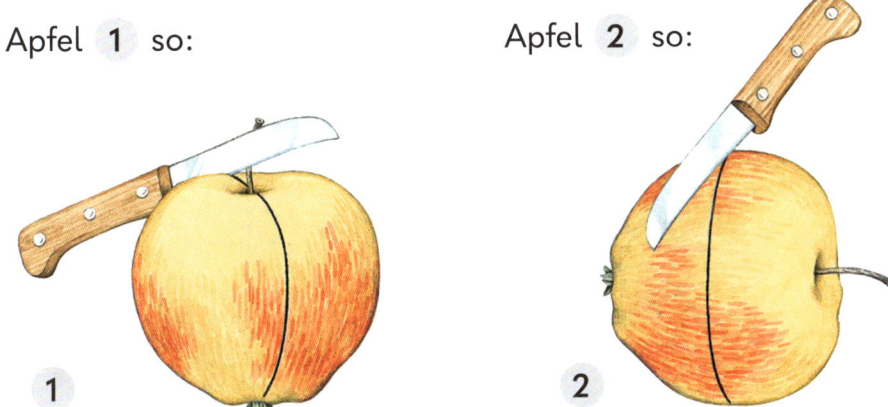

- Ich betrachte die Äpfel innen und entdecke:

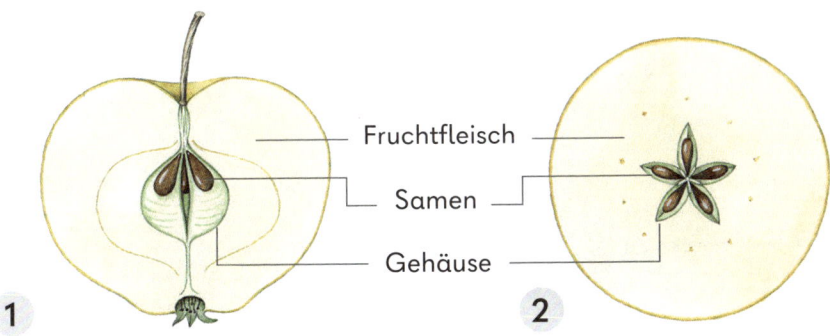

Fruchtfleisch

Samen

Gehäuse

Untersuchen: Sachen in Teile zerlegen und das Innere entdecken: einen Apfel zerschneiden, eine Walnuss knacken, ein Ei öffnen, eine Taschenlampe auseinanderbauen …

Beobachten

- Ich will wissen: Was tut eine Blaumeise?
- Ich sehe eine Weile zu und finde heraus:

Sie

fliegt.

Sie

frisst.

Sie

putzt sich.

Beobachten: Etwas eine Weile genau ansehen, das sich bewegt oder verändert: was eine Meise tut, wie ein Frosch hüpft, wie Wasser fließt, wie Wolken ziehen, wie Blätter fallen ...

Einen Merkzettel anfertigen

- Ich schreibe Wörter oder male Dinge auf Zettel.
  So will ich mir etwas merken.

Einkaufszettel

Milch

Müsli

Joghurt

Geschenk für Ostern
Ich brauche:
farbiges Papier (rosa
und grün)
2 Teelichter
2 kleine Gläser
Schere
Kleber
Sand

Einen Merkzettel anfertigen: In Stichworten notieren oder aufmalen, was
man nicht vergessen will: Materialien für einen Versuch, Bastelmaterialien,
Einkaufszettel, Adressen von Freunden, Hausaufgaben …

Etwas einüben

- Ich lasse mir erklären, wie ich meine Zähne putze.

Regel: Putze deine Zähne immer von Rot nach Weiß.

Erst unten,

dann oben:

Kaufläche   außen   innen

- Ich lasse es mir zeigen.

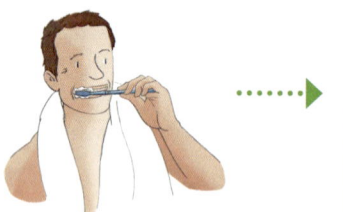

- Ich mache es nach.

- Ich wiederhole es immer wieder.

- Ich erkläre es anderen.

Etwas einüben: sich Vorgänge zeigen lassen, ständig wiederholen und so einprägen und lernen: Zähne putzen, tanzen, Vokabeln lernen, ein Instrument spielen …

Eine Sache zeichnen und beschriften

- Ich schaue eine Tulpe genau an.
- Ich zeichne sie und beschrifte ihre Teile.

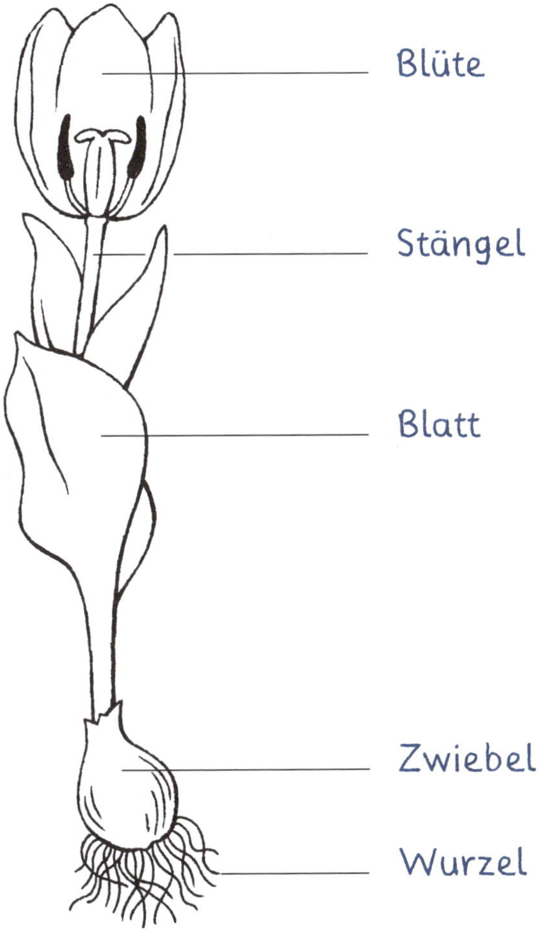

Blüte

Stängel

Blatt

Zwiebel

Wurzel

Eine Sache zeichnen und beschriften: Sachen betrachten und genau darstellen; gerade Beschriftungslinien ziehen, Teile beschriften: eine Tulpe, einen Körper, Körperteile; einen Versuchsaufbau ...

11

Ein Sachwort verstehen

- Ich höre oder lese das Wort: Frühblüher
- Ich überlege:
  Was bedeutet das Wort?

  früh: gibt eine Zeit an. Blüher: sind Pflanzen.

Einige Frühblüher kenne ich, ich habe ihr Bild im Kopf. Sie blühen im Frühjahr, also früh im Jahr.

- Ich kann auch fragen oder nachlesen.

Ein Sachwort verstehen: sich im Kopf zu einem Wort Bilder vorstellen: Frühblüher, Auto, Elefant, Wald ...; unbekannte Wörter erfragen, nachschlagen, dazu Bilder ansehen ...

Im Sachbuch nachlesen

- Ich will wissen: Was braucht ein Hund?
- Ich suche Bücher über „Hunde" oder „Haustiere".

Das ist mein Loki.
Er braucht viel
Auslauf, Futter und
Wasser.
                    Lara

- Ich finde eine Antwort.

Ein Hund braucht viel

Auslauf, Futter und Wasser.

Im Sachbuch nachlesen: Zu einem Thema Bücher suchen, darin lesen und sich informieren: über Hunde, das Wetter, wie Kinder in anderen Ländern leben …

Sachen und Personen beschreiben

- Ich betrachte ein Verkehrszeichen genau.

- Ich sage, was ich sehe:

  Das Zeichen ist blau.

  Die Personen und die Sachen sind weiß:

  Auf der Straße spielen eine große Person
  und ein Kind Ball.

  Ein Auto fährt dort.

  An der Straße steht ein Haus.

  Es hat ...

Sachen und Personen beschreiben: Sachen oder Personen genau ansehen,
mit Worten erklären, wie etwas aussieht: ein Verkehrszeichen, die Kleidung
einer Person, Spielzeug ...

Einer Anleitung folgen

- Ich will ein Leporello basteln.

- Material:

  DIN A4-Blatt, Schere

- Basteln:

  das Blatt in der Mitte falten

  das Blatt in der Mitte durchschneiden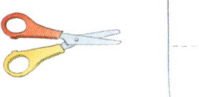

  einen Papierstreifen in der Mitte falten

  von rechts zur Mitte falten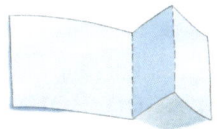

  von links zur Mitte falten

Einer Anleitung folgen: Etwas mit Hilfe einer Anleitung herstellen oder errichten: ein Leporello, Häuser aus Bausteinen, ein Windspiel aus Papier, ein Vogelhaus aus Holz, eine Stadt aus Pappe ...

Mit den Sinnen entdecken

- Ich betrachte den Apfel.

  Er ist rot.

- Ich rieche daran.

  Er duftet süßlich.

- Ich betaste die Schale.

  Sie ist glatt.

- Ich beiße hinein.

  Ich höre, wie es knackt.

- Ich schmecke den Apfel.

  Er ist süßsauer
  und saftig.

Mit den Sinnen entdecken: Etwas sehen, daran riechen, es ertasten, schmecken, hören und sich so informieren: einen Apfel, ein Brötchen, eine essbare Pflanze ...